PREFACIO

La colección de guías de conversación para viajar "Todo irá bien" publicada por T&P Books está diseñada para personas que viajan al extranjero para turismo y negocios. Las guías contienen lo más importante - los elementos esenciales para una comunicación básica.Éste es un conjunto de frases imprescindibles para "sobrevivir" mientras está en el extranjero.

Esta guía de conversación le ayudará en la mayoría de los casos donde usted necesite pedir algo, conseguir direcciones, saber cuánto cuesta algo, etc. Puede también resolver situaciones difíciles de la comunicación donde los gestos no pueden ayudar.

Este libro contiene muchas frases que han sido agrupadas según los temas más relevantes. Una sección separada del libro también ofrece un pequeño diccionario con más de 1.500 palabras importantes y útiles.

Llévese la guía de conversación "Todo irá bien" en el camino y tendrá una insustituible compañera de viaje que le ayudará a salir de cualquier situación y le enseñará a no temer hablar con extranjeros.

TABLA DE CONTENIDOS

T&P Books Publishing

T&P Books Publishing

GUÍA DE CONVERSACIÓN

— TURCO —

LAS PALABRAS Y LAS FRASES MÁS ÚTILES

Esta Guía de Conversación contiene las frases y las preguntas más comunes necesitadas para una comunicación básica con extranjeros

Andrey Taranov

TeP BOOKS

Guía de conversación + diccionario de 1500 palabras

Guía de conversación Español-Turco y diccionario conciso de 1500 palabras

por Andrey Taranov

La colección de guías de conversación para viajar "Todo irá bien" publicada por T&P Books está diseñada para personas que viajan al extranjero para turismo y negocios. Las guías contienen lo más importante - los elementos esenciales para una comunicación básica. Éste es un conjunto de frases imprescindibles para "sobrevivir" mientras está en el extranjero.

Una otra sección del libro también ofrece un pequeño diccionario con más de 1.500 palabras útiles. El diccionario incluye muchos términos gastronómicos y será de gran ayuda para pedir los alimentos en un restaurante o comprando comestibles en la tienda.

T&P Books Publishing
www.tpbooks.com

ISBN: 978-1-78492-648-9

Este libro está disponible en formato electrónico o de E-Book también.
Visite www.tpbooks.com o las librerías electrónicas más destacadas en la Red.

PRONUNCIACIÓN

T&P alfabeto fonético	Ejemplo turco	Ejemplo español

Las vocales

[a]	akşam [akʃam]	radio
[e]	kemer [kemer]	princesa
[i]	bitki [bitki]	ilegal
[ı]	fırıncı [fırındʒı]	abismo
[o]	foto [foto]	bordado
[u]	kurşun [kurʃun]	mundo
[ø]	römorkör [rømorkør]	alemán - Hölle
[y]	cümle [dʒymle]	pluma

Las consonantes

[b]	baba [baba]	en barco
[d]	ahududu [ahududu]	desierto
[dʒ]	acil [adʒil]	jazz
[f]	felsefe [felsefe]	golf
[g]	guguk [guguk]	jugada
[ʒ]	Japon [ʒapon]	adyacente
[j]	kayak [kajak]	asiento
[h]	merhaba [merhaba]	registro
[k]	okumak [okumak]	charco
[l]	sağlıklı [saalıklı]	lira
[m]	mermer [mermer]	nombre
[n]	nadiren [nadiren]	número
[p]	papaz [papaz]	precio
[r]	rehber [rehber]	era, alfombra
[s]	saksağan [saksaan]	salva
[ʃ]	şalgam [ʃalgam]	shopping
[t]	takvim [takvim]	torre
[tʃ]	çelik [tʃelik]	mapache
[v]	Varşova [varʃova]	travieso
[z]	kuzey [kuzej]	desde

LISTA DE ABREVIATURAS

Abreviatura en español

adj	-	adjetivo
adv	-	adverbio
anim.	-	animado
conj	-	conjunción
etc.	-	etcétera
f	-	sustantivo femenino
f pl	-	femenino plural
fam.	-	uso familiar
fem.	-	femenino
form.	-	uso formal
inanim.	-	inanimado
innum.	-	innumerable
m	-	sustantivo masculino
m pl	-	masculino plural
m, f	-	masculino, femenino
masc.	-	masculino
mat	-	matemáticas
mil.	-	militar
num.	-	numerable
p.ej.	-	por ejemplo
pl	-	plural
pron	-	pronombre
sg	-	singular
v aux	-	verbo auxiliar
vi	-	verbo intransitivo
vi, vt	-	verbo intransitivo, verbo transitivo
vr	-	verbo reflexivo
vt	-	verbo transitivo

GUÍA DE
CONVERSACIÓN
TURCO

Esta sección contiene frases
importantes que pueden
resultar útiles en varias
situaciones de la vida real.
La Guía le ayudará a pedir
direcciones, aclaración
sobre precio, comprar billetes,
y pedir alimentos en un
restaurante

T&P Books Publishing

CONTENIDO DE LA GUÍA DE CONVERSACIÓN

T&P Books Publishing

Lo más imprescindible

Perdone, ...	**Affedersiniz, ...** [affedersiniz, ...]
Hola.	**Merhaba.** [merhaba]
Gracias.	**Teşekkürler.** [teʃekkyrler]

Sí.	**Evet.** [evet]
No.	**Hayır.** [hajır]
No lo sé.	**Bilmiyorum.** [bilmijorum]
¿Dónde? | ¿A dónde? | ¿Cuándo?	**Nerede? | Nereye? | Ne zaman?** [nerede? | nereje? | ne zaman?]

Necesito ...	**Bana ... lazım.** [bana ... lazım]
Quiero ...	**... istiyorum.** [... istijorum]
¿Tiene ...?	**Sizde ... var mı?** [sizde ... var mı?]
¿Hay ... por aquí?	**Burada ... var mı?** [burada ... var mı?]
¿Puedo ...?	**... yapabilir miyim?** [... japabilir mijim?]
..., por favor? (petición educada)	**..., lütfen** [..., lytfen]

Busco ...	**Ben ... arıyorum.** [ben ... arıjorum]
el servicio	**tuvaleti** [tuvaleti]
un cajero automático	**bankamatik** [bankamatik]
una farmacia	**eczane** [edʒzane]
el hospital	**hastane** [hastane]

la comisaría	**karakolu** [karakolu]
el metro	**metroyu** [metroju]

un taxi	**taksi** [taksi]
la estación de tren	**tren istasyonunu** [tren istasjonunu]

Me llamo ...	**Benim adım ...** [benim adım ...]
¿Cómo se llama?	**Adınız nedir?** [adınız nedir?]
¿Puede ayudarme, por favor?	**Bana yardım edebilir misiniz, lütfen?** [bana jardım edebilir misiniz, lytfen?]
Tengo un problema.	**Bir sorunum var.** [bir sorunum var]
Me encuentro mal.	**Kendimi iyi hissetmiyorum.** [kendimi iji hissetmijorum]
¡Llame a una ambulancia!	**Ambulans çağırın!** [ambulans ʧaırın!]
¿Puedo llamar, por favor?	**Telefonunuzdan bir arama yapabilir miyim?** [telefonunuzdan bir arama japabilir mijim?]

Lo siento.	**Üzgünüm.** [yzgynym]
De nada.	**Rica ederim.** [ridʒa ederim]

Yo	**Ben, bana** [ben, bana]
tú	**sen** [sen]
él	**o** [o]
ella	**o** [o]
ellos	**onlar** [onlar]
ellas	**onlar** [onlar]
nosotros /nosotras/	**biz** [biz]
ustedes, vosotros	**siz** [siz]
usted	**siz** [siz]

ENTRADA	**GİRİŞ** [giriʃ]
SALIDA	**ÇIKIŞ** [ʧıkıʃ]
FUERA DE SERVICIO	**HİZMET DIŞI** [hizmet dıʃı]

CERRADO	**KAPALI** [kapali]
ABIERTO	**AÇIK** [atʃɪk]
PARA SEÑORAS	**KADINLAR İÇİN** [kadinlar itʃin]
PARA CABALLEROS	**ERKEKLER İÇİN** [erkekler itʃin]

Preguntas

¿Dónde?	**Nerede?** [nerede?]
¿A dónde?	**Nereye?** [nereje?]
¿De dónde?	**Nereden?** [nereden?]
¿Por qué?	**Neden?** [neden?]
¿Con que razón?	**Niçin?** [nitʃin?]
¿Cuándo?	**Ne zaman?** [ne zaman?]

¿Cuánto tiempo?	**Ne kadar sürdü?** [ne kadar syrdy?]
¿A qué hora?	**Ne zaman?** [ne zaman?]
¿Cuánto?	**Ne kadar?** [ne kadar?]
¿Tiene ...?	**Sizde ... var mı?** [sizde ... var mı?]
¿Dónde está ...?	**... nerede?** [... nerede?]

¿Qué hora es?	**Saat kaç?** [saat katʃ?]
¿Puedo llamar, por favor?	**Telefonunuzdan bir arama yapabilir miyim?** [telefonunuzdan bir arama japabilir mijim?]
¿Quién es?	**Kim o?** [kim o?]
¿Se puede fumar aquí?	**Burada sigara içebilir miyim?** [burada sigara itʃebilir mijim?]
¿Puedo ...?	**... yapabilir miyim?** [... japabilir mijim?]

Necesidades

Quisiera ...	**... istiyorum.** [... istijorum]
No quiero ...	**... istemiyorum.** [... istemijorum]
Tengo sed.	**Susadım.** [susadım]
Tengo sueño.	**Uyumak istiyorum.** [ujumak istijorum]
Quiero ...	**... istiyorum.** [... istijorum]
lavarme	**Elimi yüzümü yıkamak** [elimi juzymy jıkamak]
cepillarme los dientes	**Dişlerimi fırçalamak** [diʃlerimi fırtʃalamak]
descansar un momento	**Biraz dinlenmek** [biraz dinlenmek]
cambiarme de ropa	**Üstümü değiştirmek** [ystymy deiʃtirmek]
volver al hotel	**Otele geri dönmek** [otele geri dønmek]
comprar ...	**... satın almak** [... satın almak]
ir a ...	**... gitmek** [... gitmek]
visitar ...	**... ziyaret etmek** [... zijaret etmek]
quedar con ...	**... ile buluşmak** [... ile buluʃmak]
hacer una llamada	**Bir arama yapmak** [bir arama japmak]
Estoy cansado /cansada/.	**Yorgunum.** [jorgunum]
Estamos cansados /cansadas/.	**Yorgunuz.** [jorgunuz]
Tengo frío.	**Üşüdüm.** [yʃydym]
Tengo calor.	**Sıcakladım.** [sıdʒakladım]
Estoy bien.	**İyiyim.** [ijijim]

Tengo que hacer una llamada.	**Telefon etmem lazım.** [telefon etmem lazım]
Necesito ir al servicio.	**Lavaboya gitmem lazım.** [lavaboja gitmem lazım]
Me tengo que ir.	**Gitmem gerek.** [gitmem gerek]
Me tengo que ir ahora.	**Artık gitmem gerek.** [artık gitmem gerek]

Preguntar por direcciones

Perdone, ...	**Affedersiniz, ...**
	[affedersiniz, ...]
¿Dónde está ...?	**... nerede?**
	[... nerede?]
¿Por dónde está ...?	**... ne tarafta?**
	[... ne tarafta?]
¿Puede ayudarme, por favor?	**Bana yardımcı olabilir misiniz, lütfen?**
	[bana jardımdʒı olabilir misiniz, lytfen?]

Busco ...	**... arıyorum.**
	[... arıjorum]
Busco la salida.	**Çıkışı arıyorum.**
	[tʃıkıʃı arıjorum]
Voy a ...	**... gidiyorum.**
	[... gidijorum]
¿Voy bien por aquí para ...?	**... gitmek için doğru yolda mıyım?**
	[... gitmek itʃin dooru jolda mıjım?]

¿Está lejos?	**Uzak mıdır?**
	[uzak mıdır?]
¿Puedo llegar a pie?	**Oraya yürüyerek gidebilir miyim?**
	[oraja juryjerek gidebilir mijim?]
¿Puede mostrarme en el mapa?	**Yerini haritada gösterebilir misiniz?**
	[jerini haritada gøsterebilir misiniz?]
Por favor muestreme dónde estamos.	**Şu an nerede olduğumuzu gösterir misiniz?**
	[ʃu an nerede olduumuzu gøsterir misiniz?]

Aquí	**Burada**
	[burada]
Allí	**Orada**
	[orada]
Por aquí	**Bu taraftan**
	[bu taraftan]

Gire a la derecha.	**Sağa dönün.**
	[saa dønyn]
Gire a la izquierda.	**Sola dönün.**
	[sola dønyn]
la primera (segunda, tercera) calle	**ilk (ikinci, üçüncü) çıkış**
	[ilk (ikindʒi, ytʃyndʒy) tʃıkıʃ]
a la derecha	**sağa**
	[saa]

a la izquierda	**sola** [sola]
Siga recto.	**Dümdüz gidin.** [dymdyz gidin]

Carteles

¡BIENVENIDO!	HOŞ GELDİNİZ! [hoʃ geldiniz!]
ENTRADA	GİRİŞ [giriʃ]
SALIDA	ÇIKIŞ [ʧikiʃ]

EMPUJAR	İTİNİZ [itiniz]
TIRAR	ÇEKİNİZ [ʧekiniz]
ABIERTO	AÇIK [aʧik]
CERRADO	KAPALI [kapali]

PARA SEÑORAS	BAYAN [bajan]
PARA CABALLEROS	BAY [baj]
CABALLEROS	BAY [baj]
SEÑORAS	BAYAN [bajan]

REBAJAS	İNDİRİM [indirim]
VENTA	İNDİRİM [indirim]
GRATIS	BEDAVA [bedava]
¡NUEVO!	YENİ! [jeni!]
ATENCIÓN	DİKKAT! [dikkat!]

COMPLETO	BOŞ YER YOK [boʃ jer jok]
RESERVADO	REZERVE [rezerve]
ADMINISTRACIÓN	MÜDÜRİYET [mydyrijet]
SÓLO PERSONAL AUTORIZADO	PERSONEL HARİCİ GİRİLMEZ [personel hariʤi girilmez]

CUIDADO CON EL PERRO	**DİKKAT KÖPEK VAR!** [dikkat køpek var!]
NO FUMAR	**SİGARA İÇMEK YASAKTIR!** [sigara iʧmek jasaktir!]
NO TOCAR	**DOKUNMAYINIZ!** [dokunmajiniz!]
PELIGROSO	**TEHLİKELİ** [tehlikeli]
PELIGRO	**TEHLİKE** [tehlike]
ALTA TENSIÓN	**YÜKSEK GERİLİM** [juksek gerilim]
PROHIBIDO BAÑARSE	**YÜZMEK YASAKTIR!** [juzmek jasaktir!]
FUERA DE SERVICIO	**HİZMET DIŞI** [hizmet dıʃi]
INFLAMABLE	**YANICI** [janidʒi]
PROHIBIDO	**YASAK** [jasak]
PROHIBIDO EL PASO	**GİRİLMEZ!** [girilmez!]
RECIÉN PINTADO	**YENİ BOYANMIŞ ALAN** [jeni bojanmiʃ alan]
CERRADO POR RENOVACIÓN	**TADİLAT SEBEBİYLE KAPALIDIR** [tadilat sebebijle kapalidir]
EN OBRAS	**İLERİDE YOL ÇALIŞMASI VAR** [ileride jol ʧaliʃmasi var]
DESVÍO	**TALİ YOL** [tali jol]

Transporte. Frases generales

el avión	**uçak** [utʃak]
el tren	**tren** [tren]
el bus	**otobüs** [otobys]
el ferry	**feribot** [feribot]
el taxi	**taksi** [taksi]
el coche	**araba** [araba]
el horario	**tarife** [tarife]
¿Dónde puedo ver el horario?	**Tarifeyi nereden görebilirim?** [tarifeji nereden gørebilirim?]
días laborables	**haftaiçi** [hafta itʃi]
fines de semana	**haftasonu** [hafta sonu]
días festivos	**tatil günleri** [tatil gynleri]
SALIDA	**KALKIŞ** [kalkiʃ]
LLEGADA	**VARIŞ** [variʃ]
RETRASADO	**RÖTARLI** [røtarli]
CANCELADO	**İPTAL** [iptal]
siguiente (tren, etc.)	**bir sonraki** [bir sonraki]
primero	**ilk** [ilk]
último	**son** [son]
¿Cuándo pasa el siguiente …?	**Bir sonraki … ne zaman?** [bir sonraki … ne zaman?]
¿Cuándo pasa el primer …?	**İlk … ne zaman?** [ilk … ne zaman?]

¿Cuándo pasa el último …?	**Son … ne zaman?** [son … ne zaman?]
el trasbordo (cambio de trenes, etc.)	**aktarma** [aktarma]
hacer un trasbordo	**aktarma yapmak** [aktarma japmak]
¿Tengo que hacer un trasbordo?	**Aktarma yapmam gerekiyor mu?** [aktarma japmam gerekijor mu?]

Comprar billetes

¿Dónde puedo comprar un billete?	**Nereden bilet alabilirim?** [nereden bilet alabilirim?]
el billete	**bilet** [bilet]
comprar un billete	**bilet almak** [bilet almak]
precio del billete	**bilet fiyatı** [bilet fijatı]

¿Para dónde?	**Nereye?** [nereje?]
¿A qué estación?	**Hangi istasyona?** [hangi istasjona?]
Necesito ...	**Bana ... lazım.** [bana ... lazım]
un billete	**bir bilet** [bir bilet]
dos billetes	**iki bilet** [iki bilet]
tres billetes	**üç bilet** [yʧ bilet]

sólo ida	**tek yön** [tek jøn]
ida y vuelta	**gidiş-dönüş** [gidiʃ-dønyʃ]
en primera (primera clase)	**birinci sınıf** [birinʤi sınıf]
en segunda (segunda clase)	**ikinci sınıf** [ikinʤi sınıf]

hoy	**bugün** [bugyn]
mañana	**yarın** [jarın]
pasado mañana	**yarından sonraki gün** [jarından sonraki gyn]
por la mañana	**sabah** [sabah]
por la tarde	**öğleden sonra** [ø:leden sonra]
por la noche	**akşam** [akʃam]

asiento de pasillo

koridor tarafı koltuk
[koridor tarafı koltuk]

asiento de ventanilla

pencere kenarı koltuk
[pendʒere kenarı koltuk]

¿Cuánto cuesta?

Ne kadar?
[ne kadar?]

¿Puedo pagar con tarjeta?

Kredi kartıyla ödeyebilir miyim?
[kredi kartıjla ødejebilir mijim?]

Autobús

el autobús	**otobüs** [otobys]
el autobús interurbano	**şehirler arası otobüs** [ʃehirler arası otobys]
la parada de autobús	**otobüs durağı** [otobys duraı]
¿Dónde está la parada de autobuses más cercana?	**En yakın otobüs durağı nerede?** [en jakın otobys duraı nerede?]
número	**numara** [numara]
¿Qué autobús tengo que tomar para ...?	**... gitmek için hangi otobüse binmem lazım?** [... gitmek itʃin hangi otobyse binmem lazım?]
¿Este autobús va a ...?	**Bu otobüs ... gider mi?** [bu otobys ... gider mi?]
¿Cada cuanto pasa el autobús?	**Ne sıklıkta otobüs var?** [ne sıklıkta otobys var?]
cada 15 minutos	**on beş dakikada bir** [on beʃ dakikada bir]
cada media hora	**her yarım saatte bir** [her jarım saatte bir]
cada hora	**saat başı** [saat baʃı]
varias veces al día	**günde birçok sefer** [gynde birtʃok sefer]
... veces al día	**günde ... kere** [gynde ... kere]
el horario	**tarife** [tarife]
¿Dónde puedo ver el horario?	**Tarifeyi nereden görebilirim?** [tarifeji nereden gørebilirim?]
¿Cuándo pasa el siguiente autobús?	**Bir sonraki otobüs ne zaman?** [bir sonraki otobys ne zaman?]
¿Cuándo pasa el primer autobús?	**İlk otobüs ne zaman?** [ilk otobys ne zaman?]
¿Cuándo pasa el último autobús?	**Son otobüs ne zaman?** [son otobys ne zaman?]
la parada	**durak** [durak]

la siguiente parada

sonraki durak
[sonraki durak]

la última parada

son durak
[son durak]

Pare aquí, por favor.

Burada durun lütfen.
[burada durun, lytfen]

Perdone, esta es mi parada.

Affedersiniz, bu durakta ineceğim.
[affedersiniz, bu durakta inedʒeim]

Tren

el tren	**tren** [tren]
el tren de cercanías	**banliyö treni** [banlijø treni]
el tren de larga distancia	**uzun mesafe treni** [uzun mesafe treni]
la estación de tren	**tren istasyonu** [tren istasjonu]
Perdone, ¿dónde está la salida al anden?	**Affedersiniz, perona nasıl gidebilirim?** [affedersiniz, perona nasıl gidebilirim?]

¿Este tren va a ...?	**Bu tren ... gider mi?** [bu tren ... gider mi?]
el siguiente tren	**bir sonraki tren** [bir sonraki tren]
¿Cuándo pasa el siguiente tren?	**Bir sonraki tren ne zaman?** [bir sonraki tren ne zaman?]
¿Dónde puedo ver el horario?	**Tarifeyi nereden görebilirim?** [tarifeji nereden gørebilirim?]
¿De qué andén?	**Hangi perondan?** [hangi perondan?]
¿Cuándo llega el tren a ...?	**Tren ... ne zaman varır?** [tren ... ne zaman varır?]

Ayudeme, por favor.	**Lütfen bana yardımcı olur musunuz?** [lytfen bana jardımdʒı olur musunuz?]
Busco mi asiento.	**Yerimi arıyorum.** [jerimi arıjorum]
Buscamos nuestros asientos.	**Yerlerimizi arıyoruz.** [jerlerimizi arıjoruz]
Mi asiento está ocupado.	**Yerimde başkası oturuyor.** [jerimde baʃkası oturujor]
Nuestros asientos están ocupados.	**Yerlerimizde başkaları oturuyor.** [jerlerimizde baʃkaları oturujor]

Perdone, pero ese es mi asiento.	**Affedersiniz, bu benim koltuğum.** [affedersiniz, bu benim koltuum]
¿Está libre?	**Bu koltuk boş mu?** [bu koltuk boʃ mu?]
¿Puedo sentarme aquí?	**Buraya oturabilir miyim?** [buraja oturabilir mijim?]

En el tren. Diálogo (Sin billete)

Su billete, por favor.	**Bilet, lütfen.** [bilet, lytfen]
No tengo billete.	**Biletim yok.** [biletim jok]
He perdido mi billete.	**Biletimi kaybettim.** [biletimi kajbettim]
He olvidado mi billete en casa.	**Biletimi evde unuttum.** [biletimi evde unuttum]

Le puedo vender un billete.	**Biletinizi benden alabilirsiniz.** [biletinizi benden alabilirsiniz]
También deberá pagar una multa.	**Ceza da ödemek zorundasınız.** [dʒeza da ødemek zorundasınız]
Vale.	**Tamam.** [tamam]
¿A dónde va usted?	**Nereye gidiyorsunuz?** [nereje gidijorsunuz?]
Voy a ...	**... gidiyorum.** [... gidijorum]

¿Cuánto es? No lo entiendo.	**Ne kadar? Anlamıyorum.** [ne kadar? anlamıjorum]
Escríbalo, por favor.	**Yazar mısınız, lütfen?** [jazar mısınız, lytfen?]
Vale. ¿Puedo pagar con tarjeta?	**Tamam. Kredi kartıyla ödeyebilir miyim?** [tamam. kredi kartıjla ødejebilir mijim?]
Sí, puede.	**Evet, olur.** [evet, olur]

Aquí está su recibo.	**Buyrun, makbuzunuz.** [bujrun, makbuzunuz]
Disculpe por la multa.	**Ceza için üzgünüm.** [dʒeza itʃin yzgynym]
No pasa nada. Fue culpa mía.	**Önemli değil. Benim hatamdı.** [ønemli deil. benim hatamdı]
Disfrute su viaje.	**İyi yolculuklar.** [iji joldʒuluklar]

Taxi

taxi	**taksi** [taksi]
taxista	**taksi şoförü** [taksi ʃoføry]
coger un taxi	**taksiye binmek** [taksije binmek]
parada de taxis	**taksi durağı** [taksi duraɪ]
¿Dónde puedo coger un taxi?	**Nereden taksiye binebilirim?** [nereden taksije binebilirim?]
llamar a un taxi	**taksi çağırmak** [taksi tʃaɪrmak]
Necesito un taxi.	**Bana bir taksi lazım.** [bana bir taksi lazım]
Ahora mismo.	**Hemen şimdi.** [hemen ʃimdi]
¿Cuál es su dirección?	**Adresiniz nedir?** [adresiniz nedir?]
Mi dirección es ...	**Adresim ...** [adresim ...]
¿Cuál es el destino?	**Nereye gideceksiniz?** [nereje gidedʒeksiniz?]
Perdone, ...	**Affedersiniz, ...** [affedersiniz, ...]
¿Está libre?	**Müsait misiniz?** [mysait misiniz?]
¿Cuánto cuesta ir a ...?	**... gitmek ne kadar tutar?** [... gitmek ne kadar tutar?]
¿Sabe usted dónde está?	**Nerede olduğunu biliyor musunuz?** [nerede olduunu bilijor musunuz?]
Al aeropuerto, por favor.	**Havalimanı, lütfen.** [havalimanı, lytfen]
Pare aquí, por favor.	**Burada durun, lütfen.** [burada durun, lytfen]
No es aquí.	**Burası değil.** [burası deil]
La dirección no es correcta.	**Bu adres yanlış.** [bu adres janlıʃ]
Gire a la izquierda.	**Sola dönün.** [sola dønyn]
Gire a la derecha.	**Sağa dönün.** [saa dønyn]

¿Cuánto le debo?	**Borcum ne kadar?** [bordʒum ne kadar?]
¿Me da un recibo, por favor?	**Fiş alabilir miyim, lütfen?** [fiʃ alabilir mijim, lytfen?]
Quédese con el cambio.	**Üstü kalsın.** [ysty kalsın]

Espéreme, por favor.	**Beni bekleyebilir misiniz, lütfen?** [beni beklejebilir misiniz, lytfen?]
cinco minutos	**beş dakika** [beʃ dakika]
diez minutos	**on dakika** [on dakika]
quince minutos	**on beş dakika** [on beʃ dakika]
veinte minutos	**yirmi dakika** [jirmi dakika]
media hora	**yarım saat** [jarım saat]

Hotel

Hola.	**Merhaba.** [merhaba]
Me llamo …	**Adım …** [adım …]
Tengo una reserva.	**Rezervasyonum var.** [rezervasjonum var]

Necesito …	**Bana … lazım.** [bana … lazım]
una habitación individual	**tek kişilik bir oda** [tek kiʃilik bir oda]
una habitación doble	**çift kişilik bir oda** [ʧift kiʃilik bir oda]
¿Cuánto cuesta?	**Ne kadar tuttu?** [ne kadar tuttu?]
Es un poco caro.	**Bu biraz pahalı.** [bu biraz pahalı]

¿Tiene alguna más?	**Elinizde başka seçenek var mı?** [elinizde baʃka setʃenek var mı?]
Me quedo.	**Bunu alıyorum.** [bunu alıjorum]
Pagaré en efectivo.	**Peşin ödeyeceğim.** [peʃin ødejedʒeim]

Tengo un problema.	**Bir sorunum var.** [bir sorunum var]
Mi … no funciona.	**… bozuk.** [… bozuk]
Mi … está fuera de servicio.	**… çalışmıyor.** [… ʧalıʃmıjor]
televisión	**Televizyon** [televizjon]
aire acondicionado	**Klima** [klima]
grifo	**Musluk** [musluk]

ducha	**Duş** [duʃ]
lavabo	**Lavabo** [lavabo]
caja fuerte	**Kasa** [kasa]

cerradura	**Kapı kilidi** [kapı kilidi]
enchufe	**Priz** [priz]
secador de pelo	**Saç kurutma makinesi** [saʧ kurutma makinesi]

No tengo ...	**... yok** [... jok]
agua	**Su** [su]
luz	**Işık** [iʃık]
electricidad	**Elektrik** [elektrik]

¿Me puede dar ...?	**Bana ... verebilir misiniz?** [bana ... verebilir misiniz?]
una toalla	**bir havlu** [bir havlu]
una sábana	**bir battaniye** [bir battanije]
unas chanclas	**bir terlik** [bir terlik]
un albornoz	**bir bornoz** [bir bornoz]
un champú	**biraz şampuan** [biraz ʃampuan]
jabón	**biraz sabun** [biraz sabun]

Quisiera cambiar de habitación.	**Odamı değiştirmek istiyorum.** [odamı deiʃtirmek istijorum]
No puedo encontrar mi llave.	**Anahtarımı bulamıyorum.** [anahtarımı bulamıjorum]
Por favor abra mi habitación.	**Odamı açabilir misiniz, lütfen?** [odamı aʧabilir misiniz, lytfen?]
¿Quién es?	**Kim o?** [kim o?]
¡Entre!	**Girin!** [girin!]
¡Un momento!	**Bir dakika!** [bir dakika!]
Ahora no, por favor.	**Lütfen şimdi değil.** [lytfen ʃimdi deil]

| Venga a mi habitación, por favor. | **Odama gelin, lütfen.**
[odama gelin, lytfen] |
| Quisiera hacer un pedido. | **Odama yemek siparişi vermek istiyorum.**
[odama jemek spariʃi vermek istijorum] |

Mi número de habitación es ...	**Oda numaram ...** [oda numaram ...]
Me voy ...	**... gidiyorum.** [... gidijorum]
Nos vamos ...	**... gidiyoruz.** [... gidijoruz]
Ahora mismo	**şimdi** [ʃimdi]
esta tarde	**öğleden sonra** [ø:leden sonra]
esta noche	**bu akşam** [bu akʃam]
mañana	**yarın** [jarın]
mañana por la mañana	**yarın sabah** [jarın sabah]
mañana por la noche	**yarın akşam** [jarın akʃam]
pasado mañana	**yarından sonraki gün** [jarından sonraki gyn]

Quisiera pagar la cuenta.	**Ödeme yapmak istiyorum.** [ødeme japmak istijorum]
Todo ha estado estupendo.	**Herşey harikaydı.** [herʃej harikajdı]
¿Dónde puedo coger un taxi?	**Nereden taksiye binebilirim?** [nereden taksije binebilirim?]
¿Puede llamarme un taxi, por favor?	**Bana bir taksi çağırır mısınız, lütfen?** [bana bir taksi ʧaaırır mısınız, lytfen?]

Restaurante

¿Puedo ver el menú, por favor?	**Menüye bakabilir miyim, lütfen?** [menyje bakabilir mijim, lytfen?]
Mesa para uno.	**Bir kişilik masa.** [bir kiʃilik masa]
Somos dos (tres, cuatro).	**İki (üç, dört) kişiyiz.** [iki (ytʃ, dørt) kiʃijiz]

Para fumadores	**Sigara içilen bölüm** [sigara itʃilen bølym]
Para no fumadores	**Sigara içilmeyen bölüm** [sigara itʃilmejen bølym]
¡Por favor! (llamar al camarero)	**Affedersiniz!** [affedersiniz!]
la carta	**menü** [meny]
la carta de vinos	**şarap listesi** [ʃarap listesi]
La carta, por favor.	**Menü, lütfen.** [meny, lytfen]
¿Está listo para pedir?	**Sipariş vermeye hazır mısınız?** [sipariʃ vermeje hazır mısınız?]
¿Qué quieren pedir?	**Ne alırsınız?** [ne alırsınız?]
Yo quiero ...	**... alacağım.** [... aladʒaım]

Soy vegetariano.	**Ben vejetaryenim.** [ben veʒetarjenim]
carne	**et** [et]
pescado	**balık** [balık]
verduras	**sebze** [sebze]
¿Tiene platos para vegetarianos?	**Vejetaryen yemekleriniz var mı?** [veʒetarjen jemekleriniz var mı?]
No como cerdo.	**Domuz eti yemem.** [domuz eti jemem]
Él /Ella/ no come carne.	**O et yemez.** [o et jemez]
Soy alérgico a ...	**... alerjim var.** [... alerʒim var]

¿Me puede traer ..., por favor?

Bana ... getirir misiniz, lütfen?
[bana ... getirir misiniz, lytfen?]

sal | pimienta | azúcar

tuz | biber | şeker
[tuz | biber | ʃeker]

café | té | postre

kahve | çay | tatlı
[kahve | ʧaj | tatlı]

agua | con gas | sin gas

su | maden | içme
[su | maden | iʧme]

una cuchara | un tenedor | un cuchillo

kaşık | çatal | bıçak
[kaʃık | ʧatal | bıʧak]

un plato | una servilleta

tabak | peçete
[tabak | peʧete]

¡Buen provecho!

Afiyet olsun!
[afijet olsun!]

Uno más, por favor.

Bir tane daha, lütfen.
[bir tane daha, lytfen]

Estaba delicioso.

Çok lezzetliydi.
[ʧok lezzetlijdi]

la cuenta | el cambio | la propina

hesap | para üstü | bahşiş
[hesap | para ysty | bahʃiʃ]

La cuenta, por favor.

Hesap, lütfen.
[hesap, lytfen]

¿Puedo pagar con tarjeta?

Kredi kartıyla ödeyebilir miyim?
[kredi kartıjla ødejebilir mijim?]

Perdone, aquí hay un error.

Affedersiniz, burada bir yanlışlık var.
[affedersiniz, burada bir janlıʃlık var]

De Compras

¿Puedo ayudarle?	**Yardımcı olabilir miyim?** [jardımdʒı olabilir mijim?]
¿Tiene ...?	**Sizde ... var mı?** [sizde ... var mı?]
Busco ...	**... arıyorum.** [... arıjorum]
Necesito ...	**Bana ... lazım.** [bana ... lazım]
Sólo estoy mirando.	**Sadece bakıyorum.** [sadedʒe bakıjorum]
Sólo estamos mirando.	**Sadece bakıyoruz.** [sadedʒe bakıjoruz]
Volveré más tarde.	**Daha sonra tekrar geleceğim.** [daha sonra tekrar geledʒeim]
Volveremos más tarde.	**Daha sonra tekrar geleceğiz.** [daha sonra tekrar geledʒeiz]
descuentos | oferta	**iskonto | indirimli satış** [iskonto | indirimli satıʃ]

Por favor, enséñeme ...	**Bana ... gösterebilir misiniz?** [bana ... gøsterebilir misiniz?]
¿Me puede dar ..., por favor?	**Bana ... verebilir misiniz?** [bana ... verebilir misiniz?]
¿Puedo probarmelo?	**Deneyebilir miyim?** [denejebilir mijim?]
Perdone, ¿dónde están los probadores?	**Affedersiniz, deneme kabini nerede?** [affedersiniz, deneme kabini nerede?]
¿Qué color le gustaría?	**Ne renk istersiniz?** [ne renk istersiniz?]
la talla | el largo	**beden | boy** [beden | boj]
¿Cómo le queda? (¿Está bien?)	**Nasıl, üzerinize oldu mu?** [nasıl, yzerinize oldu mu?]

¿Cuánto cuesta esto?	**Bu ne kadar?** [bu ne kadar?]
Es muy caro.	**Çok pahalı.** [tʃok pahalı]
Me lo llevo.	**Bunu alıyorum.** [bunu alıjorum]
Perdone, ¿dónde está la caja?	**Affedersiniz, ödemeyi nerede yapabilirim?** [affedersiniz, ødemeji nerede japabilirim?]

¿Pagará en efectivo o con tarjeta?	**Nakit mi yoksa kredi kartıyla mı ödeyeceksiniz?** [nakit mi joksa kredi kartıjla mı ødejedʒeksiniz?]
en efectivo | con tarjeta	**Nakit | kredi kartıyla** [nakit | kredi kartıjla]

¿Quiere el recibo?	**Fatura ister misiniz?** [fatura ister misiniz?]
Sí, por favor.	**Evet, lütfen.** [evet, lytfen]
No, gracias.	**Hayır, gerek yok.** [hajır, gerek jok]
Gracias. ¡Que tenga un buen día!	**Teşekkür ederim. İyi günler!** [teʃekkyr ederim. iji gynler!]

En la ciudad

Perdone, por favor.	**Affedersiniz.** [affedersiniz]
Busco ...	**... arıyorum.** [... arıjorum]
el metro	**Metroyu** [metroju]
mi hotel	**Otelimi** [otelimi]
el cine	**Sinemayı** [sinemajı]
una parada de taxis	**Taksi durağını** [taksi duraını]
un cajero automático	**Bir bankamatik** [bir bankamatik]
una oficina de cambio	**Bir döviz bürosu** [bir døviz byrosu]
un cibercafé	**Bir internet kafe** [bir internet kafe]
la calle ...	**... caddesini** [... dʒaddesini]
este lugar	**Şurayı** [ʃurajı]
¿Sabe usted dónde está ...?	**... nerede olduğunu biliyor musunuz?** [... nerede olduunu bilijor musunuz?]
¿Cómo se llama esta calle?	**Bu caddenin adı ne?** [bu dʒaddenin adı ne?]
Muestreme dónde estamos ahora.	**Şu an nerede olduğumuzu gösterir misiniz?** [ʃu an nerede olduumuzu gøsterir misiniz?]
¿Puedo llegar a pie?	**Oraya yürüyerek gidebilir miyim?** [oraja juryjerek gidebilir mijim?]
¿Tiene un mapa de la ciudad?	**Sizde şehir haritası var mı?** [sizde ʃehir haritası var mı?]
¿Cuánto cuesta la entrada?	**Giriş bileti ne kadar?** [giriʃ bileti ne kadar?]
¿Se pueden hacer fotos aquí?	**Burada fotoğraf çekebilir miyim?** [burada fotoraf tʃekebilir mijim?]
¿Está abierto?	**Açık mısınız?** [atʃık mısınız?]

¿A qué hora abren?

Ne zaman açıyorsunuz?
[ne zaman atʃijorsunuz?]

¿A qué hora cierran?

Ne zaman kapatıyorsunuz?
[ne zaman kapatıjorsunuz?]

Dinero

dinero	**para** [para]
efectivo	**nakit** [nakit]
billetes	**kağıt para** [kaıt para]
monedas	**bozukluk** [bozukluk]
la cuenta | el cambio | la propina	**hesap | para üstü | bahşiş** [hesap | para ysty | bahʃiʃ]

la tarjeta de crédito	**kredi kartı** [kredi kartı]
la cartera	**cüzdan** [dʒyzdan]
comprar	**satın almak** [satın almak]
pagar	**ödemek** [ødemek]
la multa	**ceza** [dʒeza]
gratis	**bedava** [bedava]

¿Dónde puedo comprar ...?	**Nereden ... alabilirim?** [nereden ... alabilirim?]
¿Está el banco abierto ahora?	**Banka açık mı?** [banka atʃık mı?]
¿A qué hora abre?	**Ne zaman açılıyor?** [ne zaman atʃılıjor?]
¿A qué hora cierra?	**Ne zaman kapanıyor?** [ne zaman kapanıjor?]

¿Cuánto cuesta?	**Ne kadar?** [ne kadar?]
¿Cuánto cuesta esto?	**Bunun fiyatı nedir?** [bunun fijatı nedir?]
Es muy caro.	**Çok pahalı.** [tʃok pahalı]
Perdone, ¿dónde está la caja?	**Affedersiniz, ödemeyi nerede yapabilirim?** [affedersiniz, ødemeji nerede japabilirim?]

La cuenta, por favor.	**Hesap, lütfen.** [hesap, lytfen]
¿Puedo pagar con tarjeta?	**Kredi kartıyla ödeyebilir miyim?** [kredi kartıjla ødejebilir mijim?]
¿Hay un cajero por aquí?	**Buralarda bankamatik var mı?** [buralarda bankamatik var mı?]
Busco un cajero automático.	**Bankamatik arıyorum.** [bankamatik arıjorum]

Busco una oficina de cambio.	**Döviz bürosu arıyorum.** [døviz byrosu arıjorum]
Quisiera cambiar ...	**... bozdurmak istiyorum** [... bozdurmak istijorum]
¿Cuál es el tipo de cambio?	**Döviz kuru nedir?** [døviz kuru nedir?]
¿Necesita mi pasaporte?	**Pasaportuma gerek var mı?** [pasaportuma gerek var mı?]

Tiempo

¿Qué hora es?	**Saat kaç?** [saat katʃ?]
¿Cuándo?	**Ne zaman?** [ne zaman?]
¿A qué hora?	**Saat kaçta?** [saat katʃta?]
ahora | luego | después de …	**şimdi | sonra | …den sonra** [ʃimdi | sonra | …den sonra]
la una	**saat bir** [saat bir]
la una y cuarto	**bir on beş** [bir on beʃ]
la una y medio	**bir otuz** [bir otuz]
las dos menos cuarto	**bir kırk beş** [bir kırk beʃ]
una | dos | tres	**bir | iki | üç** [bir | iki | ytʃ]
cuatro | cinco | seis	**dört | beş | altı** [dørt | beʃ | altı]
siete | ocho | nueve	**yedi | sekiz | dokuz** [jedi | sekiz | dokuz]
diez | once | doce	**on | on bir | on iki** [on | on bir | on iki]
en …	**… içinde** [… itʃinde]
cinco minutos	**beş dakika** [beʃ dakika]
diez minutos	**on dakika** [on dakika]
quince minutos	**on beş dakika** [on beʃ dakika]
veinte minutos	**yirmi dakika** [jirmi dakika]
media hora	**yarım saat** [jarım saat]
una hora	**bir saat** [bir saat]
por la mañana	**sabah** [sabah]

por la mañana temprano	**sabah erkenden** [sabah erkenden]
esta mañana	**bu sabah** [bu sabah]
mañana por la mañana	**yarın sabah** [jarın sabah]

al mediodía	**öğlen yemeğinde** [ø:len jemeinde]
por la tarde	**öğleden sonra** [ø:leden sonra]
por la noche	**akşam** [akʃam]
esta noche	**bu akşam** [bu akʃam]

por la noche	**geceleyin** [gedʒelejin]
ayer	**dün** [dyn]
hoy	**bugün** [bugyn]
mañana	**yarın** [jarın]
pasado mañana	**yarından sonraki gün** [jarından sonraki gyn]

¿Qué día es hoy?	**Bugün günlerden ne?** [bugyn gynlerden ne?]
Es ...	**Bugün ...** [bugyn ...]
lunes	**Pazartesi** [pazartesi]
martes	**Salı** [salı]
miércoles	**Çarşamba** [tʃarʃamba]

jueves	**Perşembe** [perʃembe]
viernes	**Cuma** [dʒuma]
sábado	**Cumartesi** [dʒumartesi]
domingo	**Pazar** [pazar]

Saludos. Presentaciones.

Hola.

Merhaba.
[merhaba]

Encantado /Encantada/ de conocerle.

Tanıştığımıza memnun oldum.
[tanıʃtı:ımıza memnun oldum]

Yo también.

Ben de.
[ben de]

Le presento a ...

Sizi ... ile tanıştırmak istiyorum
[sizi ... ile tanıʃtırmak istijorum]

Encantado.

Memnun oldum.
[memnun oldum]

¿Cómo está?

Nasılsınız?
[nasılsınız?]

Me llamo ...

Adım ...
[adım ...]

Se llama ...

Adı ...
[adı ...]

Se llama ...

Adı ...
[adı ...]

¿Cómo se llama (usted)?

Adınız nedir?
[adınız nedir?]

¿Cómo se llama (él)?

Onun adı ne?
[onun adı ne?]

¿Cómo se llama (ella)?

Onun adı ne?
[onun adı ne?]

¿Cuál es su apellido?

Soyadınız nedir?
[sojadınız nedir?]

Puede llamarme ...

Bana ... diyebilirsiniz.
[bana ... dijebilirsiniz]

¿De dónde es usted?

Nereden geliyorsunuz?
[nereden gelijorsunuz?]

Yo soy de ....

... dan geliyorum.
[... dan gelijorum]

¿A qué se dedica?

Mesleğiniz nedir?
[mesleiniz nedir?]

¿Quién es?

Bu kim?
[bu kim?]

¿Quién es él?

O kim?
[o kim?]

¿Quién es ella?

O kim?
[o kim?]

¿Quiénes son?

Onlar kim?
[onlar kim?]

Este es ...	**Bu ...** [bu ...]
mi amigo	**arkadaşım** [arkadaʃım]
mi amiga	**arkadaşım** [arkadaʃım]
mi marido	**kocam** [koʤam]
mi mujer	**karım** [karım]
mi padre	**babam** [babam]
mi madre	**annem** [annem]
mi hermano	**erkek kardeşim** [erkek kardeʃim]
mi hermana	**kız kardeşim** [kız kardeʃim]
mi hijo	**oğlum** [oolum]
mi hija	**kızım** [kızım]
Este es nuestro hijo.	**Bu bizim oğlumuz.** [bu bizim oolumuz]
Esta es nuestra hija.	**Bu bizim kızımız.** [bu bizim kızımız]
Estos son mis hijos.	**Bunlar benim çocuklarım.** [bunlar benim ʧoʤuklarım]
Estos son nuestros hijos.	**Bunlar bizim çocuklarımız.** [bunlar bizim ʧoʤuklarımız]

Despedidas

¡Adiós!	**Hoşça kalın!** [hoʃʧa kalın!]
¡Chau!	**Görüşürüz!** [gøryʃyryz!]
Hasta mañana.	**Yarın görüşmek üzere.** [jarın gøryʃmek yzere]
Hasta pronto.	**Görüşmek üzere.** [gøryʃmek yzere]
Te veo a las siete.	**Saat yedide görüşürüz.** [saat jedide gøryʃyryz]

¡Que se diviertan!	**İyi eğlenceler!** [iji eelendʒeler!]
Hablamos más tarde.	**Sonra konuşuruz.** [sonra konuʃuruz]
Que tengas un buen fin de semana.	**İyi hafta sonları.** [iji hafta sonları]
Buenas noches.	**İyi geceler.** [iji gedʒeler]

Es hora de irme.	**Gitme vaktim geldi.** [gitme vaktim geldi]
Tengo que irme.	**Gitmem lazım.** [gitmem lazım]
Ahora vuelvo.	**Hemen dönerim.** [hemen dønerim]

Es tarde.	**Geç oldu.** [geʧ oldu]
Tengo que levantarme temprano.	**Erken kalkmam lazım.** [erken kalkmam lazım]
Me voy mañana.	**Yarın gidiyorum.** [jarın gidijorum]
Nos vamos mañana.	**Yarın gidiyoruz.** [jarın gidijoruz]

¡Que tenga un buen viaje!	**İyi yolculuklar!** [iji joldʒuluklar!]
Ha sido un placer.	**Tanıştığımıza memnun oldum.** [tanıʃtı:ımıza memnun oldum]
Fue un placer hablar con usted.	**Konuştuğumuza memnun oldum.** [konuʃtuumuza memnun oldum]
Gracias por todo.	**Herşey için teşekkürler.** [herʃej iʧin teʃekkyrler]

Lo he pasado muy bien.

Çok iyi vakit geçirdim.
[tʃok iji vakit getʃirdim]

Lo pasamos muy bien.

Çok iyi vakit geçirdik.
[tʃok iji vakit getʃirdik]

Fue genial.

Gerçekten harikaydı.
[gertʃekten harikajdı]

Le voy a echar de menos.

Seni özleyeceğim.
[seni øzlejedʒeim]

Le vamos a echar de menos.

Sizi özleyeceğiz.
[sizi øzlejedʒeiz]

¡Suerte!

İyi şanslar!
[iji ʃanslar!]

Saludos a ...

... selam söyle.
[... selam søjle]

Idioma extranjero

No entiendo.	**Anlamıyorum.**
	[anlamıjorum]
Escríbalo, por favor.	**Yazar mısınız, lütfen?**
	[jazar mısınız, lytfen?]
¿Habla usted ...?	**... biliyor musunuz?**
	[... bilijor musunuz?]

Hablo un poco de ...	**Biraz ... biliyorum.**
	[biraz ... bilijorum]
inglés	**İngilizce**
	[ingilizdʒe]
turco	**Türkçe**
	[tyrktʃe]
árabe	**Arapça**
	[araptʃa]
francés	**Fransızca**
	[fransızdʒa]

alemán	**Almanca**
	[almandʒa]
italiano	**İtalyanca**
	[italjandʒa]
español	**İspanyolca**
	[ispanjoldʒa]
portugués	**Portekizce**
	[portekizdʒe]
chino	**Çince**
	[tʃindʒe]
japonés	**Japonca**
	[ʒapondʒa]

¿Puede repetirlo, por favor?	**Tekrar edebilir misiniz, lütfen?**
	[tekrar edebilir misiniz, lytfen?]
Lo entiendo.	**Anlıyorum.**
	[anlıjorum]
No entiendo.	**Anlamıyorum.**
	[anlamıjorum]
Hable más despacio, por favor.	**Lütfen daha yavaş konuşun.**
	[lytfen daha javaʃ konuʃun]

¿Está bien?	**Bu doğru mu?**
	[bu dooru mu?]
¿Qué es esto? (¿Que significa esto?)	**Bu ne?**
	[bu ne?]

Disculpas

Perdone, por favor.	**Affedersiniz.** [affedersiniz]
Lo siento.	**Üzgünüm.** [yzgynym]
Lo siento mucho.	**Gerçekten çok üzgünüm.** [gertʃekten tʃok yzgynym]
Perdón, fue culpa mía.	**Özür dilerim, benim hatam.** [øzyr dilerim, benim hatam]
Culpa mía.	**Benim hatamdı.** [benim hatamdı]
¿Puedo ...?	**... yapabilir miyim?** [... japabilir mijim?]
¿Le molesta si ...?	**... bir mahsuru var mı?** [... bir mahsuru var mı?]
¡No hay problema! (No pasa nada.)	**Sorun değil.** [sorun deil]
Todo está bien.	**Zararı yok.** [zararı jok]
No se preocupe.	**Hiç önemli değil.** [hitʃ ønemli deil]

Acuerdos

Sí.	**Evet.** [evet]
Sí, claro.	**Evet, tabii ki.** [evet, tabii ki]
Bien.	**Tamam.** [tamam]
Muy bien.	**Çok iyi.** [tʃok iji]
¡Claro que sí!	**Tabii ki!** [tabii ki!]
Estoy de acuerdo.	**Katılıyorum.** [katılıjorum]
Es verdad.	**Doğru.** [dooru]
Es correcto.	**Aynen öyle.** [ajnen øjle]
Tiene razón.	**Haklısınız.** [haklısınız]
No me molesta.	**Benim için sorun değil.** [benim itʃin sorun deil]
Es completamente cierto.	**Kesinlikle doğru.** [kesinlikle dooru]
Es posible.	**Bu mümkün.** [bu mymkyn]
Es una buena idea.	**Bu iyi bir fikir.** [bu iji bir fikir]
No puedo decir que no.	**Hayır diyemem.** [hajır dijemem]
Estaré encantado /encantada/.	**Memnun olurum.** [memnun olurum]
Será un placer.	**Zevkle.** [zevkle]

Rechazo. Expresar duda

No.	**Hayır.** [hajır]
Claro que no.	**Kesinlikle hayır.** [kesinlikle hajır]
No estoy de acuerdo.	**Katılmıyorum.** [katılmıjorum]
No lo creo.	**Sanmıyorum.** [sanmıjorum]
No es verdad.	**Bu doğru değil.** [bu dooru deil]

No tiene razón.	**Yanılıyorsunuz.** [janılıjorsunuz]
Creo que no tiene razón.	**Bence yanılıyorsunuz.** [bendʒe janılıjorsunuz]
No estoy seguro /segura/.	**Emin değilim.** [emin deilim]
No es posible.	**Bu mümkün değil.** [bu mymkyn deil]
¡Nada de eso!	**Hiçbir surette!** [hitʃbir surette!]

Justo lo contrario.	**Tam tersi.** [tam tersi]
Estoy en contra de ello.	**Ben buna karşıyım.** [ben buna karʃıjım]
No me importa. (Me da igual.)	**Umrumda değil.** [umrumda deil]
No tengo ni idea.	**Hiçbir fikrim yok.** [hitʃbir fikrim jok]
Dudo que sea así.	**O konuda şüpheliyim.** [o konuda ʃyphelijim]

Lo siento, no puedo.	**Üzgünüm, yapamam.** [yzgynym, japamam]
Lo siento, no quiero.	**Üzgünüm, istemiyorum.** [yzgynym, istemijorum]
Gracias, pero no lo necesito.	**Teşekkür ederim,** **fakat buna ihtiyacım yok.** [teʃekkyr ederim, fakat buna ihtijadʒım jok]

Ya es tarde.

Geç oluyor.
[geʧ olujor]

Tengo que levantarme temprano.

Erken kalmalıyım.
[erken kalmalıjım]

Me encuentro mal.

Kendimi iyi hissetmiyorum.
[kendimi iji hissetmijorum]

Expresar gratitud

Gracias.	**Teşekkürler.** [teʃekkyrler]
Muchas gracias.	**Çok teşekkür ederim.** [tʃok teʃekkyr ederim]
De verdad lo aprecio.	**Gerçekten müteşekkirim.** [gertʃekten myteʃekkirim]
Se lo agradezco.	**Size hakikaten minnettarım.** [size hakikaten minnettarım]
Se lo agradecemos.	**Size hakikaten minnettarız.** [size hakikaten minnettarız]

Gracias por su tiempo.	**Zaman ayırdığınız** **için teşekkür ederim.** [zaman ajırdı:ınız itʃin teʃekkyr ederim]
Gracias por todo.	**Herşey için teşekkürler.** [herʃej itʃin teʃekkyrler]
Gracias por ...	**... için teşekkürler.** [... itʃin teʃekkyrler]
su ayuda	**Yardımınız için teşekkürler.** [jardımınız itʃin teʃekkyrler]
tan agradable momento	**Bu güzel vakit için teşekkürler.** [bu gyzel vakit itʃin teʃekkyrler]

una comida estupenda	**Bu harika yemek için teşekkürler.** [bu harika jemek itʃin teʃekkyrler]
una velada tan agradable	**Bu güzel akşam için teşekkürler.** [bu gyzel akʃam itʃin teʃekkyrler]
un día maravilloso	**Bu harika gün için teşekkürler.** [bu harika gyn itʃin teʃekkyrler]
un viaje increíble	**Bu harika yolculuk için teşekkürler.** [bu harika joldʒuluk itʃin teʃekkyrler]

No hay de qué.	**Lafı bile olmaz.** [lafı bile olmaz]
De nada.	**Bir şey değil.** [bir ʃej deil]
Siempre a su disposición.	**Her zaman.** [her zaman]
Encantado /Encantada/ de ayudarle.	**O zevk bana ait.** [o zevk bana ait]

No hay de qué.

Hiç önemli değil.
[hiʧ ønemli deil]

No tiene importancia.

Hiç dert etme.
[hiʧ dert etme]

Felicitaciones , Mejores Deseos

¡Felicidades!	**Tebrikler!**
	[tebrikler!]
¡Feliz Cumpleaños!	**Doğum günün kutlu olsun!**
	[doum gynyn kutlu olsun!]
¡Feliz Navidad!	**Mutlu Noeller!**
	[mutlu noeller!]
¡Feliz Año Nuevo!	**Yeni yılın kutlu olsun!**
	[jeni jılın kutlu olsun!]

¡Felices Pascuas!	**Mutlu Paskalyalar!**
	[mutlu paskaljalar!]
¡Feliz Hanukkah!	**Mutlu Hanuka Bayramları!**
	[mutlu hanuka bajramları!]

Quiero brindar.	**Kadeh kaldırmak istiyorum.**
	[kadeh kaldırmak istijorum]
¡Salud!	**Şerefe!**
	[ʃerefe!]
¡Brindemos por …!	**… için kadeh kaldıralım!**
	[… itʃin kadeh kaldıralım!]
¡A nuestro éxito!	**Başarımıza!**
	[baʃarımıza!]
¡A su éxito!	**Başarınıza!**
	[baʃarınıza!]

¡Suerte!	**İyi şanslar!**
	[iji ʃanslar!]
¡Que tenga un buen día!	**İyi günler!**
	[iji gynler!]
¡Que tenga unas buenas vacaciones!	**İyi tatiller!**
	[iji tatiller!]
¡Que tenga un buen viaje!	**İyi yolculuklar!**
	[iji joldʒuluklar!]
¡Espero que se recupere pronto!	**Geçmiş olsun!**
	[getʃmiʃ olsun!]

Socializarse

¿Por qué está triste?	**Neden üzgünsünüz?** [neden yzgynsynyz?]
¡Sonría! ¡Anímese!	**Gülümseyin! Neşelenin!** [gylymsejin! neʃelenin!]
¿Está libre esta noche?	**Bu gece müsait misiniz?** [bu gedʒe mysait misiniz?]
¿Puedo ofrecerle algo de beber?	**Size bir içki ısmarlayabilir miyim?** [size bir itʃki ısmarlajabilir mijim?]
¿Querría bailar conmigo?	**Dans eder misiniz?** [dans eder misiniz?]
Vamos a ir al cine.	**Hadi sinemaya gidelim.** [hadi sinemaja gidelim]
¿Puedo invitarle a ...?	**Sizi ... davet edebilir miyim?** [sizi ... davet edebilir mijim?]
un restaurante	**restorana** [restorana]
el cine	**sinemaya** [sinemaja]
el teatro	**tiyatroya** [tijatroja]
dar una vuelta	**yürüyüşe** [juryjyʃe]
¿A qué hora?	**Saat kaçta?** [saat katʃta?]
esta noche	**bu gece** [bu gedʒe]
a las seis	**altıda** [altıda]
a las siete	**yedide** [jedide]
a las ocho	**sekizde** [sekizde]
a las nueve	**dokuzda** [dokuzda]
¿Le gusta este lugar?	**Burayı sevdiniz mi?** [burajı sevdiniz mi?]
¿Está aquí con alguien?	**Biriyle birlikte mi geldiniz?** [birijle birlikte mi geldiniz?]
Estoy con mi amigo /amiga/.	**Arkadaşımlayım.** [arkadaʃımlajım]

Estoy con amigos.	**Arkadaşlarımlayım.**
	[arkadaʃlarımlajım]
No, estoy solo /sola/.	**Hayır, yalnızım.**
	[hajır, jalnızım]

¿Tienes novio?	**Erkek arkadaşınız var mı?**
	[erkek arkadaʃınız var mı?]
Tengo novio.	**Erkek arkadaşım var.**
	[erkek arkadaʃım var]
¿Tienes novia?	**Kız arkadaşınız var mı?**
	[kız arkadaʃınız var mı?]
Tengo novia.	**Kız arkadaşım var.**
	[kız arkadaʃım var]

¿Te puedo volver a ver?	**Seni tekrar görebilir miyim?**
	[seni tekrar gørebilir mijim?]
¿Te puedo llamar?	**Seni arayabilir miyim?**
	[seni arajabilir mijim?]
Llámame.	**Ara beni.**
	[ara beni]
¿Cuál es tu número?	**Telefon numaran nedir?**
	[telefon numaran nedir?]
Te echo de menos.	**Seni özledim.**
	[seni øzledim]

¡Qué nombre tan bonito!	**Adınız çok güzel.**
	[adınız tʃok gyzel]
Te quiero.	**Seni seviyorum.**
	[seni sevijorum]
¿Te casarías conmigo?	**Benimle evlenir misin?**
	[benimle evlenir misin?]
¡Está de broma!	**Şaka yapıyorsunuz!**
	[ʃaka japıjorsunuz!]
Sólo estoy bromeando.	**Sadece şaka yapıyorum.**
	[sadedʒe ʃaka japıjorum]

¿En serio?	**Ciddi misiniz?**
	[dʒiddi misiniz?]
Lo digo en serio.	**Ciddiyim.**
	[dʒiddijim]
¿De verdad?	**Gerçekten mi?!**
	[gertʃekten mi?!]
¡Es increíble!	**İnanılmaz!**
	[inanılmaz!]
No le creo.	**Size inanmıyorum.**
	[size inanmıjorum]
No puedo.	**Yapamam.**
	[japamam]
No lo sé.	**Bilmiyorum.**
	[bilmijorum]
No le entiendo.	**Sizi anlamıyorum.**
	[sizi anlamıjorum]

Váyase, por favor.	**Lütfen gider misiniz?** [lytfen gider misiniz?]
¡Déjeme en paz!	**Beni rahat bırakın!** [beni rahat bırakın!]

Es inaguantable.	**Ona katlanamıyorum!** [ona katlanamıjorum!]
¡Es un asqueroso!	**İğrençsiniz!** [i:irentʃsiniz!]
¡Llamaré a la policía!	**Polisi arayacağım!** [polisi arajadʒaım!]

Compartir impresiones. Emociones

Me gusta.	**Bunu sevdim.** [bunu sevdim]
Muy lindo.	**Çok hoş.** [ʧok hoʃ]
¡Es genial!	**Bu harika!** [bu harika!]
No está mal.	**Fena değil.** [fena deil]

No me gusta.	**Bundan hoşlanmadım.** [bundan hoʃlanmadım]
No está bien.	**Bu iyi değil.** [bu iji deil]
Está mal.	**Bu kötü.** [bu køty]
Está muy mal.	**Bu çok kötü.** [bu ʧok køty]
¡Qué asco!	**Bu iğrenç.** [bu iːirenʧ]

Estoy feliz.	**Mutluyum.** [mutlujum]
Estoy contento /contenta/.	**Halimden memnunum.** [halimden memnunum]
Estoy enamorado /enamorada/.	**Aşığım.** [aʃıːɪm]
Estoy tranquilo.	**Sakinim.** [sakinim]
Estoy aburrido.	**Sıkıldım.** [sıkıldım]

Estoy cansado /cansada/.	**Yorgunum.** [jorgunum]
Estoy triste.	**Üzgünüm.** [yzgynym]
Estoy asustado.	**Korkuyorum.** [korkujorum]
Estoy enfadado /enfadada/.	**Kızgınım.** [kızgınım]

Estoy preocupado /preocupada/.	**Endişeliyim.** [endiʃelijim]
Estoy nervioso /nerviosa/.	**Gerginim.** [gerginim]

Estoy celoso /celosa/.

Kıskanıyorum.
[kıskanıjorum]

Estoy sorprendido /sorprendida/.

Şaşırdım.
[ʃaʃɪrdɪm]

Estoy perplejo /perpleja/.

Şaşkınım.
[ʃaʃkɪnɪm]

Problemas, Accidentes

Tengo un problema.	**Bir sorunum var.** [bir sorunum var]
Tenemos un problema.	**Bir sorunumuz var.** [bir sorunumuz var]
Estoy perdido /perdida/.	**Kayboldum.** [kajboldum]
Perdí el último autobús (tren).	**Son otobüsü (treni) kaçırdım.** [son otobysy (treni) katʃırdım]
No me queda más dinero.	**Hiç param kalmadı.** [hitʃ param kalmadı]

He perdido …	**… kaybettim.** [… kajbettim]
Me han robado …	**Biri … çaldı.** [biri … tʃaldı]
mi pasaporte	**pasaportumu** [pasaportumu]
mi cartera	**cüzdanımı** [dʒyzdanımı]
mis papeles	**belgelerimi** [belgelerimi]
mi billete	**biletimi** [biletimi]

mi dinero	**paramı** [paramı]
mi bolso	**el çantamı** [el tʃantamı]
mi cámara	**fotoğraf makinamı** [fotoraf makinamı]
mi portátil	**dizüstü bilgisayarımı** [dizysty bilgisajarımı]
mi tableta	**tablet bilgisayarımı** [tablet bilgisajarımı]
mi teléfono	**cep telefonumu** [dʒep telefonumu]

¡Ayúdeme!	**Yardım edin!** [jardım edin!]
¿Qué pasó?	**Ne oldu?** [ne oldu?]
el incendio	**yangın** [jangın]

un tiroteo	**silahlı çatışma** [silahlı tʃatıʃma]
el asesinato	**cinayet** [dʒinajet]
una explosión	**patlama** [patlama]
una pelea	**kavga** [kavga]

¡Llame a la policía!	**Polis çağırın!** [polis tʃaırın!]
¡Más rápido, por favor!	**Lütfen acele edin!** [lytfen adʒele edin!]
Busco la comisaría.	**Karakolu arıyorum.** [karakolu arıjorum]
Tengo que hacer una llamada.	**Telefon açmam gerek.** [telefon atʃmam gerek]
¿Puedo usar su teléfono?	**Telefonunuzu kullanabilir miyim?** [telefonunuzu kullanabilir mijim?]

Me han ...	**Ben ...** [ben ...]
asaltado /asaltada/	**gasp edildim.** [gasp edildim]
robado /robada/	**soyuldum.** [sojuldum]
violada	**tecavüze uğradım.** [tedʒavyze uuradım]
atacado /atacada/	**saldırıya uğradım.** [saldırıja uuradım]

¿Se encuentra bien?	**İyi misiniz?** [iji misiniz?]
¿Ha visto quien a sido?	**Kim olduğunu gördünüz mü?** [kim olduunu gørdynyz my?]
¿Sería capaz de reconocer a la persona?	**Yapanı görseniz, tanıyabilir misiniz?** [japanı gørseniz, tanıjabilir misiniz?]
¿Está usted seguro?	**Emin misiniz?** [emin misiniz?]

Por favor, cálmese.	**Lütfen sakinleşin.** [lytfen sakinleʃin]
¡Cálmese!	**Sakin ol!** [sakin ol!]
¡No se preocupe!	**Endişelenmeyin!** [endiʃelenmejin!]
Todo irá bien.	**Herşey yoluna girecek.** [herʃej joluna giredʒek]
Todo está bien.	**Herşey yolunda.** [herʃej jolunda]
Venga aquí, por favor.	**Buraya gelin, lütfen.** [buraja gelin, lytfen]

Tengo unas preguntas para usted.

Espere un momento, por favor.

¿Tiene un documento de identidad?

Gracias. Puede irse ahora.

¡Manos detrás de la cabeza!

¡Está arrestado!

Size birkaç sorum olacak.
[size birkatʃ sorum oladʒak]

Bir dakika bekler misiniz, lütfen?
[bir dakika bekler misiniz, lytfen?]

Kimliğiniz var mı?
[kimli:iniz var mı?]

Teşekkürler. Şimdi gidebilirsiniz.
[teʃekkyrler. ʃimdi gidebilirsiniz]

Ellerinizi başınızın arkasına koyun!
[ellerinizi baʃınızın arkasına kojun!]

Tutuklusunuz!
[tutuklusunuz!]

Problemas de salud

Ayudeme, por favor.	**Lütfen bana yardım eder misiniz?** [lytfen bana jardım eder misiniz?]
No me encuentro bien.	**Kendimi iyi hissetmiyorum.** [kendimi iji hissetmijorum]
Mi marido no se encuentra bien.	**Kocam kendisini iyi hissetmiyor.** [kodʒam kendisini iji hissetmijor]
Mi hijo ...	**Oğlum ...** [oolum ...]
Mi padre ...	**Babam ...** [babam ...]
Mi mujer no se encuentra bien.	**Karım kendisini iyi hissetmiyor.** [karım kendisini iji hissetmijor]
Mi hija ...	**Kızım ...** [kızım ...]
Mi madre ...	**Annem ...** [annem ...]
Me duele ...	**... ağrıyor.** [... aarıjor]
la cabeza	**Başım** [baʃım]
la garganta	**Boğazım** [boazım]
el estómago	**Midem** [midem]
un diente	**Dişim** [diʃim]
Estoy mareado.	**Başım dönüyor.** [baʃım dønyjor]
Él tiene fiebre.	**Ateşi var.** [ateʃi var]
Ella tiene fiebre.	**Ateşi var.** [ateʃi var]
No puedo respirar.	**Nefes alamıyorum.** [nefes alamıjorum]
Me ahogo.	**Nefesim daralıyor.** [nefesim daralıjor]
Tengo asma.	**Astımım var.** [astımım var]
Tengo diabetes.	**Şeker hastalığım var.** [ʃeker hastalı:ım var]

No puedo dormir.	**Uyuyamıyorum.** [ujujamıjorum]
intoxicación alimentaria	**Gıda zehirlenmesi** [gıda zehirlenmesi]

Me duele aquí.	**Burası acıyor.** [burası adʒıjor]
¡Ayúdeme!	**Yardım edin!** [jardım edin!]
¡Estoy aquí!	**Buradayım!** [buradajım!]
¡Estamos aquí!	**Buradayız!** [buradajız!]
¡Saquenme de aquí!	**Beni buradan çıkarın!** [beni buradan tʃıkarın!]
Necesito un médico.	**Doktora ihtiyacım var.** [doktora ihtijadʒım var]
No me puedo mover.	**Hareket edemiyorum.** [hareket edemijorum]
No puedo mover mis piernas.	**Bacaklarımı kıpırdatamıyorum.** [badʒaklarımı kıpırdatamıjorum]

Tengo una herida.	**Yaralandım.** [jaralandım]
¿Es grave?	**Ciddi mi?** [dʒiddi mi?]
Mis documentos están en mi bolsillo.	**Belgelerim cebimde.** [belgelerim dʒebimde]
¡Cálmese!	**Sakin olun!** [sakin olun!]
¿Puedo usar su teléfono?	**Telefonunuzu kullanabilir miyim?** [telefonunuzu kullanabilir mijim?]

¡Llame a una ambulancia!	**Ambulans çağırın!** [ambulans tʃaırın!]
¡Es urgente!	**Acil!** [adʒil!]
¡Es una emergencia!	**Bu bir acil durum!** [bu bir adʒil durum!]
¡Más rápido, por favor!	**Lütfen acele edin!** [lytfen adʒele edin!]
¿Puede llamar a un médico, por favor?	**Lütfen doktor çağırır mısınız?** [lytfen doktor tʃaaırır mısınız?]
¿Dónde está el hospital?	**Hastane nerede?** [hastane nerede?]

¿Cómo se siente?	**Kendinizi nasıl hissediyorsunuz?** [kendinizi nasıl hissedijorsunuz?]
¿Se encuentra bien?	**İyi misiniz?** [iji misiniz?]
¿Qué pasó?	**Ne oldu?** [ne oldu?]

Me encuentro mejor.

Şimdi daha iyiyim.
[ʃimdi daha ijijim]

Está bien.

Sorun değil.
[sorun deil]

Todo está bien.

Bir şeyim yok.
[bir ʃejim jok]

En la farmacia

la farmacia	**eczane** [edʒzane]
la farmacia 24 horas	**nöbetçi eczane** [nøbetʧi edʒzane]
¿Dónde está la farmacia más cercana?	**En yakın eczane nerede?** [en jakın edʒzane nerede?]

¿Está abierta ahora?	**Şu an açık mı?** [ʃu an atʃık mı?]
¿A qué hora abre?	**Saat kaçta açılıyor?** [saat kaʧta atʃılıjor?]
¿A qué hora cierra?	**Saat kaçta kapanıyor?** [saat kaʧta kapanıjor?]

¿Está lejos?	**Uzakta mı?** [uzakta mı?]
¿Puedo llegar a pie?	**Oraya yürüyerek gidebilir miyim?** [oraja juryjerek gidebilir mijim?]
¿Puede mostrarme en el mapa?	**Yerini haritada gösterebilir misiniz?** [jerini haritada gøsterebilir misiniz?]

Por favor, deme algo para ...	**Lütfen ... için bir şey verir misiniz?** [lytfen ... iʧin bir ʃej verir misiniz?]
un dolor de cabeza	**baş ağrısı** [baʃ aarısı]
la tos	**öksürük** [øksyryk]
el resfriado	**soğuk algınlığı** [souk algınlı:ı]
la gripe	**grip** [grip]

la fiebre	**ateş** [ateʃ]
un dolor de estomago	**mide ağrısı** [mide aarısı]
nauseas	**bulantı** [bulantı]
la diarrea	**ishal** [ishal]
el estreñimiento	**kabızlık** [kabızlık]
un dolor de espalda	**sırt ağrısı** [sırt aarısı]

un dolor de pecho	**göğüs ağrısı** [gøjus aarısı]
el flato	**dalak şişmesi** [dalak ʃiʃmesi]
un dolor abdominal	**karın ağrısı** [karın aarısı]

la píldora	**hap** [hap]
la crema	**merhem, krem** [merhem, krem]
el jarabe	**şurup** [ʃurup]
el spray	**sprey** [sprej]
las gotas	**damla** [damla]

Tiene que ir al hospital.	**Hastaneye gitmeniz gerek.** [hastaneje gitmeniz gerek]
el seguro de salud	**sağlık sigortası** [saalık sigortası]
la receta	**reçete** [retʃete]
el repelente de insectos	**böcek ilacı** [bødʒek iladʒı]
la curita	**yara bandı** [jara bandı]

Lo más imprescindible

Perdone, …
Affedersiniz, …
[affedersiniz, …]

Hola.
Merhaba.
[merhaba]

Gracias.
Teşekkürler.
[teʃekkyrler]

Sí.
Evet.
[evet]

No.
Hayır.
[hajır]

No lo sé.
Bilmiyorum.
[bilmijorum]

¿Dónde? | ¿A dónde? | ¿Cuándo?
Nerede? | Nereye? | Ne zaman?
[nerede? | nereje? | ne zaman?]

Necesito …
Bana … lazım.
[bana … lazım]

Quiero …
… istiyorum.
[… istijorum]

¿Tiene …?
Sizde … var mı?
[sizde … var mı?]

¿Hay … por aquí?
Burada … var mı?
[burada … var mı?]

¿Puedo …?
… yapabilir miyim?
[… japabilir mijim?]

…, por favor? (petición educada)
…, lütfen
[…, lytfen]

Busco …
Ben … arıyorum.
[ben … arıjorum]

el servicio
tuvaleti
[tuvaleti]

un cajero automático
bankamatik
[bankamatik]

una farmacia
eczane
[edʒzane]

el hospital
hastane
[hastane]

la comisaría
karakolu
[karakolu]

el metro
metroyu
[metroju]

un taxi	**taksi** [taksi]
la estación de tren	**tren istasyonunu** [tren istasjonunu]

Me llamo …	**Benim adım …** [benim adım …]
¿Cómo se llama?	**Adınız nedir?** [adınız nedir?]
¿Puede ayudarme, por favor?	**Bana yardım edebilir misiniz, lütfen?** [bana jardım edebilir misiniz, lytfen?]
Tengo un problema.	**Bir sorunum var.** [bir sorunum var]
Me encuentro mal.	**Kendimi iyi hissetmiyorum.** [kendimi iji hissetmijorum]
¡Llame a una ambulancia!	**Ambulans çağırın!** [ambulans ʧaırın!]
¿Puedo llamar, por favor?	**Telefonunuzdan bir arama yapabilir miyim?** [telefonunuzdan bir arama japabilir mijim?]

Lo siento.	**Üzgünüm.** [yzgynym]
De nada.	**Rica ederim.** [ridʒa ederim]

Yo	**Ben, bana** [ben, bana]
tú	**sen** [sen]
él	**o** [o]
ella	**o** [o]
ellos	**onlar** [onlar]
ellas	**onlar** [onlar]
nosotros /nosotras/	**biz** [biz]
ustedes, vosotros	**siz** [siz]
usted	**siz** [siz]

ENTRADA	**GİRİŞ** [giriʃ]
SALIDA	**ÇIKIŞ** [ʧikiʃ]
FUERA DE SERVICIO	**HİZMET DIŞI** [hizmet dıʃi]

CERRADO	**KAPALI** [kapali]
ABIERTO	**AÇIK** [atʃık]
PARA SEÑORAS	**KADINLAR İÇİN** [kadinlar itʃin]
PARA CABALLEROS	**ERKEKLER İÇİN** [erkekler itʃin]

T&P BOOKS

DICCIONARIO CONCISO

Esta sección contiene más
de 1.500 palabras útiles.
El diccionario incluye muchos
términos gastronómicos
y será de gran ayuda para
pedir alimentos en un
restaurante o comprando
comestibles en la tienda

T&P Books Publishing

CONTENIDO
DEL DICCIONARIO

tiempo (m)	**zaman, vakit**	[zaman], [vakit]
hora (f)	**saat**	[saat]
media hora (f)	**yarım saat**	[jarım saat]
minuto (m)	**dakika**	[dakika]
segundo (m)	**saniye**	[sanije]
hoy (adv)	**bugün**	[bugyn]
mañana (adv)	**yarın**	[jarın]
ayer (adv)	**dün**	[dyn]
lunes (m)	**Pazartesi**	[pazartesi]
martes (m)	**Salı**	[salı]
miércoles (m)	**Çarşamba**	[t͡ʃarʃamba]
jueves (m)	**Perşembe**	[perʃembe]
viernes (m)	**Cuma**	[d͡ʒuma]
sábado (m)	**Cumartesi**	[d͡ʒumartesi]
domingo (m)	**Pazar**	[pazar]
día (m)	**gün**	[gyn]
día (m) de trabajo	**iş günü**	[iʃ gyny]
día (m) de fiesta	**bayram günü**	[bajram gyny]
fin (m) de semana	**hafta sonu**	[hafta sonu]
semana (f)	**hafta**	[hafta]
semana (f) pasada	**geçen hafta**	[get͡ʃen hafta]
semana (f) que viene	**gelecek hafta**	[geld͡ʒek hafta]
salida (f) del sol	**güneşin doğuşu**	[gyneʃin douʃu]
puesta (f) del sol	**güneş batışı**	[gyneʃ batıʃı]
por la mañana	**sabahleyin**	[sabahlejin]
por la tarde	**öğleden sonra**	[ø:leden sonra]
por la noche	**akşamleyin**	[akʃamlejin]
esta noche (p.ej. 8:00 p.m.)	**bu akşam**	[bu akʃam]
por la noche	**geceleyin**	[ged͡ʒelejin]
medianoche (f)	**gece yarısı**	[ged͡ʒe jarısı]
enero (m)	**ocak**	[od͡ʒak]
febrero (m)	**şubat**	[ʃubat]
marzo (m)	**mart**	[mart]
abril (m)	**nisan**	[nisan]
mayo (m)	**mayıs**	[majıs]
junio (m)	**haziran**	[haziran]
julio (m)	**temmuz**	[temmuz]

agosto (m)	ağustos	[austos]
septiembre (m)	eylül	[ejlyl]
octubre (m)	ekim	[ekim]
noviembre (m)	kasım	[kasım]
diciembre (m)	aralık	[aralık]

en primavera	ilkbaharda	[ilkbaharda]
en verano	yazın	[jazın]
en otoño	sonbaharda	[sonbaharda]
en invierno	kışın	[kıʃın]

mes (m)	ay	[aj]
estación (f)	mevsim	[mevsim]
año (m)	yıl, sene	[jıl], [sene]
siglo (m)	yüzyıl	[juzjıl]

2. Números. Los numerales

cifra (f)	rakam	[rakam]
número (m) (~ cardinal)	sayı	[sajı]
menos (m)	eksi	[eksi]
más (m)	artı	[artı]
suma (f)	toplam	[toplam]

primero (adj)	birinci	[birindʒi]
segundo (adj)	ikinci	[ikindʒi]
tercero (adj)	üçüncü	[ytʃyndʒy]

cero	sıfır	[sıfır]
uno	bir	[bir]
dos	iki	[iki]
tres	üç	[ytʃ]
cuatro	dört	[dørt]

cinco	beş	[beʃ]
seis	altı	[altı]
siete	yedi	[jedi]
ocho	sekiz	[sekiz]
nueve	dokuz	[dokuz]
diez	on	[on]

once	on bir	[on bir]
doce	on iki	[on iki]
trece	on üç	[on ytʃ]
catorce	on dört	[on dørt]
quince	on beş	[on beʃ]

dieciséis	on altı	[on altı]
diecisiete	on yedi	[on jedi]
dieciocho	on sekiz	[on sekiz]

diecinueve	on dokuz	[on dokuz]
veinte	yirmi	[jirmi]
treinta	otuz	[otuz]
cuarenta	kırk	[kırk]
cincuenta	elli	[elli]

sesenta	altmış	[altmıʃ]
setenta	yetmiş	[jetmiʃ]
ochenta	seksen	[seksen]
noventa	doksan	[doksan]
cien	yüz	[juz]
doscientos	iki yüz	[iki juz]
trescientos	üç yüz	[ytʃ juz]
cuatrocientos	dört yüz	[dørt juz]
quinientos	beş yüz	[beʃ juz]

seiscientos	altı yüz	[altı juz]
setecientos	yedi yüz	[jedi juz]
ochocientos	sekiz yüz	[sekiz juz]
novecientos	dokuz yüz	[dokuz juz]
mil	bin	[bin]

diez mil	on bin	[on bin]
cien mil	yüz bin	[juz bin]
millón (m)	milyon	[miljon]
mil millones	milyar	[miljar]

3. El ser humano. Los familiares

hombre (m) (varón)	erkek	[erkek]
joven (m)	delikanlı	[delikanlı]
adolescente (m)	ergen	[ergen]
mujer (f)	kadın, bayan	[kadın], [bajan]
muchacha (f)	genç kız, genç kadın	[gentʃ kız], [gentʃ kadın]

edad (f)	yaş	[jaʃ]
adulto	yetişkin	[jetiʃkin]
de edad media (adj)	orta yaşlı	[orta jaʃlı]
anciano, mayor (adj)	yaşlı	[jaʃlı]
viejo (adj)	ihtiyar, yaşlı	[ihtijar], [jaʃlı]

anciano (m)	ihtiyar adam	[ihtijar adam]
anciana (f)	yaşlı kadın	[jaʃlı kadın]
jubilación (f)	emeklilik	[emeklilik]
jubilarse	emekli olmak	[emekli olmak]
jubilado (m)	emekli	[emekli]

madre (f)	anne	[anne]
padre (m)	baba	[baba]
hijo (m)	oğul	[ø:ul]

hija (f)	kız	[kız]
hermano (m)	erkek kardeş	[erkek kardeʃ]
hermano (m) mayor	büyük erkek kardeş	[byjuk erkek kardeʃ]
hermano (m) menor	küçük erkek kardeş	[kytʃyk erkek kardeʃ]
hermana (f)	kız kardeş, bacı	[kız kardeʃ], [badʒı]
hermana (f) mayor	büyük kız kardeş	[byjuk kız kardeʃ]
hermana (f) menor	küçük kız kardeş	[kytʃyk kız kardeʃ]

padres (pl)	ebeveyn, anne baba	[ebevejn], [anne baba]
niño -a (m, f)	çocuk	[tʃodʒuk]
niños (pl)	çocuklar	[tʃodʒuklar]
madrastra (f)	üvey anne	[yvej anne]
padrastro (m)	üvey baba	[yvej baba]

abuela (f)	büyük anne	[byjuk anne]
abuelo (m)	büyük baba	[byjuk baba]
nieto (m)	erkek torun	[erkek torun]
nieta (f)	kız torun	[kız torun]
nietos (pl)	torunlar	[torunlar]

tío (m)	amca, dayı	[amdʒa], [dajı]
tía (f)	teyze, hala	[tejze], [hala]
sobrino (m)	erkek yeğen	[erkek jeen]
sobrina (f)	kız yeğen	[kız jeen]

mujer (f)	karı	[karı]
marido (m)	koca	[kodʒa]
casado (adj)	evli	[evli]
casada (adj)	evli	[evli]
viuda (f)	dul kadın	[dul kadın]
viudo (m)	dul erkek	[dul erkek]

nombre (m)	ad, isim	[ad], [isim]
apellido (m)	soyadı	[sojadı]

pariente (m)	akraba	[akraba]
amigo (m)	dost, arkadaş	[dost], [arkadaʃ]
amistad (f)	dostluk	[dostluk]

compañero (m)	partner, eş	[partner], [eʃ]
superior (m)	amir	[amir]
colega (m, f)	meslektaş	[meslektaʃ]
vecinos (pl)	komşular	[komʃular]

4. El cuerpo. La anatomía humana

organismo (m)	organizma	[organizma]
cuerpo (m)	vücut	[vydʒut]
corazón (m)	kalp	[kalp]
sangre (f)	kan	[kan]

| cerebro (m) | **beyin** | [bejin] |
| nervio (m) | **sinir** | [sinir] |

hueso (m)	**kemik**	[kemik]
esqueleto (m)	**iskelet**	[iskelet]
columna (f) vertebral	**omurga**	[omurga]
costilla (f)	**kaburga**	[kaburga]
cráneo (m)	**kafatası**	[kafatası]

músculo (m)	**kas**	[kas]
pulmones (m pl)	**akciğer**	[akdʒier]
piel (f)	**cilt**	[dʒilt]

cabeza (f)	**baş**	[baʃ]
cara (f)	**yüz**	[juz]
nariz (f)	**burun**	[burun]
frente (f)	**alın**	[alın]
mejilla (f)	**yanak**	[janak]
boca (f)	**ağız**	[aız]
lengua (f)	**dil**	[dil]
diente (m)	**diş**	[diʃ]
labios (m pl)	**dudaklar**	[dudaklar]
mentón (m)	**çene**	[tʃene]

oreja (f)	**kulak**	[kulak]
cuello (m)	**boyun**	[bojun]
garganta (f)	**boğaz**	[boaz]

ojo (m)	**göz**	[gøz]
pupila (f)	**göz bebeği**	[gøz bebeı]
ceja (f)	**kaş**	[kaʃ]
pestaña (f)	**kirpik**	[kirpik]

pelo, cabello (m)	**saçlar**	[satʃlar]
peinado (m)	**saç modeli**	[satʃ modeli]
bigote (m)	**bıyık**	[bıjık]
barba (f)	**sakal**	[sakal]
tener (~ la barba)	**uzatmak**	[uzatmak]
calvo (adj)	**kel**	[kel]

mano (f)	**el**	[el]
brazo (m)	**kol**	[kol]
dedo (m)	**parmak**	[parmak]
uña (f)	**tırnak**	[tırnak]
palma (f)	**avuç**	[avutʃ]

hombro (m)	**omuz**	[omuz]
pierna (f)	**bacak**	[badʒak]
planta (f)	**ayak**	[ajak]
rodilla (f)	**diz**	[diz]
talón (m)	**topuk**	[topuk]
espalda (f)	**sırt**	[sırt]

cintura (f), talle (m)	**bel**	[bel]
lunar (m)	**ben**	[ben]
marca (f) de nacimiento	**doğum lekesi**	[doum lekesi]

5. La medicina. Las drogas

salud (f)	**sağlık**	[saalık]
sano (adj)	**sağlıklı**	[saalıklı]
enfermedad (f)	**hastalık**	[hastalık]
estar enfermo	**hasta olmak**	[hasta olmak]
enfermo (adj)	**hasta**	[hasta]

resfriado (m)	**soğuk algınlığı**	[souk algınlıı]
resfriarse (vr)	**soğuk almak**	[souk almak]
angina (f)	**bademcik iltihabı, tonsilit**	[bademdʒik iltihabı], [tonsilit]
pulmonía (f)	**zatürree**	[zatyrree]
gripe (f)	**grip, enflüenza**	[grip], [enflüenza]

resfriado (m) (coriza)	**burun akıntısı, nezle**	[burun akıntısı], [nezle]
tos (f)	**öksürük**	[øksyryk]
toser (vi)	**öksürmek**	[øksyrmek]
estornudar (vi)	**hapşırmak**	[hapʃırmak]

insulto (m)	**felç, inme**	[feltʃ], [inme]
ataque (m) cardiaco	**kalp krizi**	[kalp krizi]
alergia (f)	**alerji**	[alerʒi]
asma (f)	**astım**	[astım]
diabetes (f)	**diyabet**	[diabet]

tumor (m)	**tümör, ur**	[tymør], [jur]
cáncer (m)	**kanser**	[kanser]
alcoholismo (m)	**alkolizm**	[alkolizm]
SIDA (m)	**AİDS**	[eids]
fiebre (f)	**yüksek ateş**	[juksek ateʃ]
mareo (m)	**deniz tutması**	[deniz tutması]

moradura (f)	**çürük**	[tʃuryk]
chichón (m)	**şişlik**	[ʃiʃlik]
cojear (vi)	**topallamak**	[topallamak]
dislocación (f)	**çıkık**	[tʃıkık]
dislocar (vt)	**çıkmak**	[tʃıkmak]

fractura (f)	**kırık, fraktür**	[kırık], [fraktyr]
quemadura (f)	**yanık**	[janık]
herida (f)	**yara, incinme**	[jara], [indʒinme]
dolor (m)	**acı**	[adʒı]
dolor (m) de muelas	**diş ağrısı**	[diʃ aarısı]
sudar (vi)	**terlemek**	[terlemek]
sordo (adj)	**sağır**	[saır]

mudo (adj)	dilsiz	[dilsiz]
inmunidad (f)	bağışıklık	[baıʃıklık]
virus (m)	virüs	[virys]
microbio (m)	mikrop	[mikrop]
bacteria (f)	bakteri	[bakteri]
infección (f)	enfeksiyon	[enfeksijon]

hospital (m)	hastane	[hastane]
cura (f)	çare	[ʧare]
vacunar (vt)	aşılamak	[aʃılamak]
estar en coma	komada olmak	[komada olmak]
revitalización (f)	yoğun bakım	[joun bakım]
síntoma (m)	belirti	[belirti]
pulso (m)	nabız	[nabız]

6. Los sentimientos. Las emociones

yo	ben	[ben]
tú	sen	[sen]
él, ella, ello	o	[o]

nosotros, -as	biz	[biz]
vosotros, -as	siz	[siz]
ellos, ellas	onlar	[onlar]
¡Hola! (fam.)	Selam!	[selam]
¡Hola! (form.)	Merhaba! Nasilsiniz?	[merhaba], [nasilsiniz]
¡Buenos días!	Günaydın!	[gynajdın]
¡Buenas tardes!	İyi günler!	[iji gynler]
¡Buenas noches!	İyi akşamlar!	[iji akʃamlar]

decir hola	selam vermek	[selam vermek]
saludar (vt)	selamlamak	[selamlamak]
¿Cómo estáis?	Nasilsiniz?	[nasılsınız]
¿Cómo estás?	Nasılsın?	[nasılsın]
¡Hasta la vista! (form.)	Hoşça kalın!	[hoʃʧa kalın]
¡Hasta la vista! (fam.)	Hoşça kal!	[hoʃʧa kal]
¡Gracias!	Teşekkür ederim!	[teʃekkyr ederim]

sentimientos (m pl)	duygular	[dujgular]
tener hambre	karnı acıkmak	[karnı adʒıkmak]
tener sed	susamak	[susamak]
cansado (adj)	yorgun	[jorgun]

inquietarse (vr)	endişelenmek	[endiʃelenmek]
estar nervioso	tedirgin olmak	[tedirgin olmak]
esperanza (f)	ümit	[ymit]
esperar (tener esperanza)	ummak	[ummak]

| carácter (m) | karakter | [karakter] |
| modesto (adj) | mütevazı | [mytevazı] |

perezoso (adj)	tembel	[tembel]
generoso (adj)	cömert	[dʒømert]
talentoso (adj)	yetenekli	[jetenekli]

honesto (adj)	dürüst	[dyryst]
serio (adj)	ciddi	[dʒiddi]
tímido (adj)	çekingen	[ʧekingen]
sincero (adj)	samimi	[samimi]
cobarde (m)	korkak kimse	[korkak kimse]

dormir (vi)	uyumak	[ujumak]
sueño (m) (dulces ~s)	düş, rüya	[dyʃ], [ruja]
cama (f)	yatak	[jatak]
almohada (f)	yastık	[jastɪk]

insomnio (m)	uykusuzluk	[ujkusuzluk]
irse a la cama	uyumaya gitmek	[ujumaja gitmek]
pesadilla (f)	kabus	[kabus]
despertador (m)	çalar saat	[ʧalar saat]

sonrisa (f)	gülümseme	[gylymseme]
sonreír (vi)	gülümsemek	[gylymsemek]
reírse (vr)	gülmek	[gylmek]

disputa (f), riña (f)	kavga, tartışma	[kavga], [tartɪʃma]
insulto (m)	hakaret	[hakaret]
ofensa (f)	gücenme	[gydʒenme]
enfadado (adj)	kızgın	[kɪzgɪn]

7. La ropa. Accesorios personales

ropa (f)	giysi	[gijsi]
abrigo (m)	palto	[palto]
abrigo (m) de piel	kürk manto	[kyrk manto]
cazadora (f)	ceket	[dʒeket]
impermeable (m)	yağmurluk	[jaamurluk]
camisa (f)	gömlek	[gømlek]
pantalones (m pl)	pantolon	[pantolon]
chaqueta (f), saco (m)	takım elbise ceketi	[takɪm elbise dʒeketi]
traje (m)	takım elbise	[takɪm elbise]

vestido (m)	kadın elbisesi	[kadın elbisesi]
falda (f)	etek	[etek]
camiseta (f) (T-shirt)	tişört	[tiʃørt]
bata (f) de baño	bornoz	[bornoz]
pijama (m)	pijama	[piʒama]
ropa (f) de trabajo	iş elbisesi	[iʃ elbisesi]

| ropa (f) interior | iç çamaşırı | [iʧ ʧamaʃırı] |
| calcetines (m pl) | kısa çorap | [kɪsa ʧorap] |

sostén (m)	sütyen	[sytjen]
pantimedias (f pl)	külotlu çorap	[kyløtly tʃorap]
medias (f pl)	diz altı çorap	[diz altı tʃorap]
traje (m) de baño	mayo	[majo]

gorro (m)	şapka	[ʃapka]
calzado (m)	ayakkabı	[ajakkabı]
botas (f pl) altas	çizmeler	[tʃizmeler]
tacón (m)	topuk	[topuk]
cordón (m)	ayakkabı bağı, bağcık	[ajakkabı baaı], [baadʒık]
betún (m)	ayakkabı boyası	[ajakkabı bojası]

algodón (m)	pamuk	[pamuk]
lana (f)	yün	[jun]
piel (f) (~ de zorro, etc.)	kürk	[kyrk]

guantes (m pl)	eldiven	[eldiven]
manoplas (f pl)	tek parmaklı eldiven	[tek parmaklı eldiven]
bufanda (f)	atkı	[atkı]
gafas (f pl)	gözlük	[gøzlyk]
paraguas (m)	şemsiye	[ʃemsije]

corbata (f)	kravat	[kravat]
moquero (m)	mendil	[mendil]
peine (m)	tarak	[tarak]
cepillo (m) de pelo	saç fırçası	[satʃ firtʃası]
hebilla (f)	kemer tokası	[kemer tokası]
cinturón (m)	kemer	[kemer]
bolso (m)	bayan çantası	[bajan tʃantası]

cuello (m)	yaka	[jaka]
bolsillo (m)	cep	[dʒep]
manga (f)	kol	[kol]
bragueta (f)	pantolon fermuarı	[pantolon fermuarı]

cremallera (f)	fermuar	[fermuar]
botón (m)	düğme	[dyjme]
ensuciarse (vr)	kirlenmek	[kirlenmek]
mancha (f)	leke	[leke]

8. La ciudad. Las instituciones urbanas

tienda (f)	mağaza	[maaza]
centro (m) comercial	alışveriş merkezi	[alıʃveriʃ merkezi]
supermercado (m)	süpermarket	[sypermarket]
zapatería (f)	ayakkabı mağazası	[ajakkabı maazası]
librería (f)	kitabevi	[kitabevi]

farmacia (f)	eczane	[edʒzane]
panadería (f)	fırın	[fırın]

pastelería (f)	pastane	[pastane]
tienda (f) de comestibles	bakkaliye	[bakkalije]
carnicería (f)	kasap dükkanı	[kasap dykkanı]
verdulería (f)	manav	[manav]
mercado (m)	çarşı, pazar	[ʧarʃı], [pazar]
peluquería (f)	kuaför salonu	[kuafør salonu]
oficina (f) de correos	postane	[postane]
tintorería (f)	kuru temizleme	[kuru temizleme]
circo (m)	sirk	[sirk]
zoológico (m)	hayvanat bahçesi	[hajvanat bahʧesi]
teatro (m)	tiyatro	[tijatro]
cine (m)	sinema	[sinema]
museo (m)	müze	[myze]
biblioteca (f)	kütüphane	[kytyphane]
mezquita (f)	cami	[dʒami]
sinagoga (f)	sinagog	[sinagog]
catedral (f)	katedral	[katedral]
templo (m)	tapınak	[tapınak]
iglesia (f)	kilise	[kilise]
instituto (m)	yüksekokul, üniversite	[juksekokul], [yniversite]
universidad (f)	üniversite	[yniversite]
escuela (f)	okul	[okul]
hotel (m)	otel	[otel]
banco (m)	banka	[banka]
embajada (f)	elçilik	[elʧilik]
agencia (f) de viajes	seyahat acentesi	[sejahat adʒentesi]
metro (m)	metro	[metro]
hospital (m)	hastane	[hastane]
gasolinera (f)	benzin istasyonu	[benzin istasjonu]
aparcamiento (m)	park yeri	[park jeri]
ENTRADA	GİRİŞ	[giriʃ]
SALIDA	ÇIKIŞ	[ʧıkıʃ]
EMPUJAR	İTİNİZ	[itiniz]
TIRAR	ÇEKİNİZ	[ʧekiniz]
ABIERTO	AÇIK	[aʧık]
CERRADO	KAPALI	[kapalı]
monumento (m)	anıt	[anıt]
fortaleza (f)	kale	[kale]
palacio (m)	saray	[saraj]
medieval (adj)	ortaçağ	[ortaʧaa]
antiguo (adj)	antik, eski	[antik], [eski]
nacional (adj)	milli	[milli]
conocido (adj)	meşhur, ünlü	[meʃhur], [ynly]

9. El dinero. Las finanzas

dinero (m)	**para**	[para]
moneda (f)	**bozuk para**	[bozuk para]
dólar (m)	**dolar**	[dolar]
euro (m)	**avro**	[avro]
cajero (m) automático	**bankamatik**	[bankamatik]
oficina (f) de cambio	**döviz bürosu**	[døviz byrosu]
curso (m)	**kur**	[kur]
dinero (m) en efectivo	**nakit para**	[nakit para]
¿Cuánto?	**Ne kadar?**	[ne kadar]
pagar (vi, vt)	**ödemek**	[ødemek]
pago (m)	**ödeme**	[ødeme]
cambio (m) (devolver el ~)	**para üstü**	[para justy]
precio (m)	**fiyat**	[fijat]
descuento (m)	**indirim**	[indirim]
barato (adj)	**ucuz**	[udʒuz]
caro (adj)	**pahalı**	[pahalı]
banco (m)	**banka**	[banka]
cuenta (f)	**hesap**	[hesap]
tarjeta (f) de crédito	**kredi kartı**	[kredi kartı]
cheque (m)	**çek**	[tʃek]
sacar un cheque	**çek yazmak**	[tʃek jazmak]
talonario (m)	**çek defteri**	[tʃek defteri]
deuda (f)	**borç**	[bortʃ]
deudor (m)	**borçlu**	[bortʃlu]
prestar (vt)	**borç vermek**	[bortʃ vermek]
tomar prestado	**borç almak**	[bortʃ almak]
alquilar (vt)	**kiralamak**	[kiralamak]
a crédito (adv)	**krediyle**	[kredijle]
cartera (f)	**cüzdan**	[dʒyzdan]
caja (f) fuerte	**para kasası**	[para kasası]
herencia (f)	**miras**	[miras]
fortuna (f)	**servet, varlık**	[servet], [varlık]
impuesto (m)	**vergi**	[vergi]
multa (f)	**ceza**	[dʒeza]
multar (vt)	**ceza kesmek**	[dʒeza kesmek]
al por mayor (adj)	**toptan olarak**	[toptan olarak]
al por menor (adj)	**perakende**	[perakende]
asegurar (vt)	**sigorta ettirmek**	[sigorta ettirmek]
seguro (m)	**sigorta**	[sigorta]
capital (m)	**sermaye**	[sermaje]
volumen (m) de negocio	**iş hacmi**	[iʃ hadʒmi]

acción (f)	hisse senedi	[hisse senedi]
beneficio (m)	kâr	[kjar]
beneficioso (adj)	kârlı	[kjarlı]

crisis (f)	kriz	[kriz]
bancarrota (f)	iflâs	[iflas]
ir a la bancarrota	iflâs etmek	[iflas etmek]

contable (m)	muhasebeci	[muhasebedʒi]
salario (m)	maaş	[maaʃ]
premio (m)	prim	[prim]

10. El transporte

autobús (m)	otobüs	[otobys]
tranvía (m)	tramvay	[tramvaj]
trolebús (m)	troleybüs	[trolejbys]

ir en ...	... gitmek	[gitmek]
tomar (~ el autobús)	... binmek	[binmek]
bajar (~ del tren)	... inmek	[inmek]

parada (f)	durak	[durak]
parada (f) final	son durak	[son durak]
horario (m)	tarife	[tarife]
billete (m)	bilet	[bilet]
llegar tarde (vi)	gecikmek	[gedʒikmek]

taxi (m)	taksi	[taksi]
en taxi	taksiyle	[taksijle]
parada (f) de taxi	taksi durağı	[taksi duraı]

tráfico (m)	trafik	[trafik]
horas (f pl) de punta	işe gidiş-geliş saati	[iʃe gidiʃ-geliʃ saati]
aparcar (vi)	park etmek	[park etmek]

metro (m)	metro	[metro]
estación (f)	istasyon	[istasjon]
tren (m)	tren	[tren]
estación (f)	tren istasyonu	[tren istasjonu]
rieles (m pl)	raylar	[rajlar]
compartimiento (m)	kompartıman	[kompartıman]
litera (f)	kuşet	[kuʃet]

avión (m)	uçak	[utʃak]
billete (m) de avión	uçak bileti	[utʃak bileti]
compañía (f) aérea	hava yolları şirketi	[hava jolları ʃirketi]
aeropuerto (m)	havaalanı	[havaalanı]
vuelo (m)	uçuş	[utʃuʃ]
equipaje (m)	bagaj	[bagaʒ]

carrito (m) de equipaje	bagaj arabası	[bagaʒ arabası]
barco, buque (m)	gemi	[gemi]
trasatlántico (m)	yolcu gemisi	[joldʒu gemisi]
yate (m)	yat	[jat]
bote (m) de remo	kayık	[kajık]

capitán (m)	kaptan	[kaptan]
camarote (m)	kamara	[kamara]
puerto (m)	liman	[liman]

bicicleta (f)	bisiklet	[bisiklet]
scooter (m)	scooter	[skuter]
motocicleta (f)	motosiklet	[motosiklet]
pedal (m)	pedal	[pedal]
bomba (f)	pompa	[pompa]
rueda (f)	tekerlek	[tekerlek]

coche (m)	araba	[araba]
ambulancia (f)	ambulans	[ambulans]
camión (m)	kamyon	[kamjon]
de ocasión (adj)	kullanılmış	[kullanılmıʃ]
accidente (m)	araba kazası	[araba kazası]
reparación (f)	tamirat	[tamirat]

11. La comida. Unidad 1

carne (f)	et	[et]
gallina (f)	tavuk eti	[tavuk eti]
pato (m)	ördek	[ørdek]

carne (f) de cerdo	domuz eti	[domuz eti]
carne (f) de ternera	dana eti	[dana eti]
carne (f) de carnero	koyun eti	[kojun eti]
carne (f) de vaca	sığır eti	[sıır eti]

salchichón (m)	sucuk, sosis	[sudʒuk], [sosis]
huevo (m)	yumurta	[jumurta]
pescado (m)	balık	[balık]
queso (m)	peynir	[pejnir]
azúcar (m)	şeker	[ʃeker]
sal (f)	tuz	[tuz]

arroz (m)	pirinç	[pirintʃ]
macarrones (m pl)	makarna	[makarna]
mantequilla (f)	tereyağı	[terejaı]
aceite (m) vegetal	bitkisel yağ	[bitkisel jaa]
pan (m)	ekmek	[ekmek]
chocolate (m)	çikolata	[tʃikolata]
vino (m)	şarap	[ʃarap]
café (m)	kahve	[kahve]

leche (f)	süt	[syt]
zumo (m), jugo (m)	meyve suyu	[mejve suju]
cerveza (f)	bira	[bira]
té (m)	çay	[ʧaj]

tomate (m)	domates	[domates]
pepino (m)	salatalık	[salatalık]
zanahoria (f)	havuç	[havuʧ]
patata (f)	patates	[patates]
cebolla (f)	soğan	[soan]
ajo (m)	sarımsak	[sarımsak]

col (f)	lahana	[lahana]
remolacha (f)	pancar	[panʤar]
berenjena (f)	patlıcan	[patlıʤan]
eneldo (m)	dereotu	[dereotu]
lechuga (f)	marul	[marul]
maíz (m)	mısır	[mısır]

fruto (m)	meyve	[mejve]
manzana (f)	elma	[elma]
pera (f)	armut	[armut]
limón (m)	limon	[limon]
naranja (f)	portakal	[portakal]
fresa (f)	çilek	[ʧilek]

ciruela (f)	erik	[erik]
frambuesa (f)	ahududu	[ahududu]
piña (f)	ananas	[ananas]
banana (f)	muz	[muz]
sandía (f)	karpuz	[karpuz]
uva (f)	üzüm	[yzym]
melón (m)	kavun	[kavun]

12. La comida. Unidad 2

cocina (f)	mutfak	[mutfak]
receta (f)	yemek tarifi	[jemek tarifı]
comida (f)	yemek	[jemek]

desayunar (vi)	kahvaltı yapmak	[kahvaltı japmak]
almorzar (vi)	öğle yemeği yemek	[ø:le jemei jemek]
cenar (vi)	akşam yemeği yemek	[akʃam jemei jemek]

sabor (m)	tat	[tat]
sabroso (adj)	tatlı, lezzetli	[tatlı], [lezzetlı]
frío (adj)	soğuk	[souk]
caliente (adj)	sıcak	[sıʤak]
azucarado, dulce (adj)	tatlı	[tatlı]
salado (adj)	tuzlu	[tuzlu]

bocadillo (m)	sandviç	[sandviʧ]
guarnición (f)	garnitür	[garnityr]
relleno (m)	iç malzeme	[iʧ malzeme]
salsa (f)	salça, sos	[salʧa], [sos]
pedazo (m)	parça	[parʧa]
dieta (f)	rejim, diyet	[reʒim], [dijet]
vitamina (f)	vitamin	[vitamin]
caloría (f)	kalori	[kalori]
vegetariano (m)	vejetaryen kimse	[veʒetarien kimse]
restaurante (m)	restoran	[restoran]
cafetería (f)	kahvehane	[kahvehane]
apetito (m)	iştah	[iʃtah]
¡Que aproveche!	Afiyet olsun!	[afijet olsun]
camarero (m)	garson	[garson]
camarera (f)	kadın garson	[kadın garson]
barman (m)	barmen	[barmen]
carta (f), menú (m)	menü	[meny]
cuchara (f)	kaşık	[kaʃık]
cuchillo (m)	bıçak	[bıʧak]
tenedor (m)	çatal	[ʧatal]
taza (f)	fincan	[findʒan]
plato (m)	tabak	[tabak]
platillo (m)	fincan tabağı	[findʒan tabaı]
servilleta (f)	peçete	[peʧete]
mondadientes (m)	kürdan	[kyrdan]
pedir (vt)	sipariş etmek	[sipariʃ etmek]
plato (m)	yemek	[jemek]
porción (f)	porsiyon	[porsijon]
entremés (m)	aperatif, meze	[aperatif], [meze]
ensalada (f)	salata	[salata]
sopa (f)	çorba	[ʧorba]
postre (m)	tatlı	[tatlı]
confitura (f)	reçel	[reʧel]
helado (m)	dondurma	[dondurma]
cuenta (f)	hesap	[hesap]
pagar la cuenta	hesabı ödemek	[hesabı ødemek]
propina (f)	bahşiş	[bahʃiʃ]

13. La casa. El apartamento. Unidad 1

casa (f)	ev	[ev]
casa (f) de campo	kır evi	[kır evi]
villa (f)	villâ	[villa]

piso (m), planta (f)	kat	[kat]
entrada (f)	apartman girişi	[apartman giriʃi]
pared (f)	duvar	[duvar]
techo (m)	çatı	[ʧatı]
chimenea (f)	baca	[badʒa]

desván (m)	çatı katı	[ʧatı katı]
ventana (f)	pencere	[pendʒere]
alféizar (m)	pencere kenarı	[pendʒere kenarı]
balcón (m)	balkon	[balkon]

escalera (f)	merdiven	[merdiven]
buzón (m)	posta kutusu	[posta kutusu]
contenedor (m) de basura	çöp tenekesi	[ʧøp tenekesi]
ascensor (m)	asansör	[asansør]

electricidad (f)	elektrik	[elektrik]
bombilla (f)	ampul	[ampul]
interruptor (m)	elektrik düğmesi	[elektrik dyjmesi]
enchufe (m)	priz	[priz]
fusible (m)	sigorta	[sigorta]

puerta (f)	kapı	[kapı]
tirador (m)	kapı kolu	[kapı kolu]
llave (f)	anahtar	[anahtar]
felpudo (m)	kapı paspası	[kapı paspası]

cerradura (f)	kilit	[kilit]
timbre (m)	zil	[zil]
toque (m) a la puerta	kapıyı çalma	[kapıjı ʧalma]
tocar la puerta	kapıyı çalmak	[kapıjı ʧalmak]
mirilla (f)	kapı deliği	[kapı delii]

patio (m)	bahçe, avlu	[bahʧe], [avlu]
jardín (m)	bahçe	[bahʧe]
piscina (f)	yüzme havuzu	[juzme havuzu]
gimnasio (m)	spor salonu	[spor salonu]
cancha (f) de tenis	tenis kortu	[tenis kortu]
garaje (m)	garaj	[garaʒ]

propiedad (f) privada	özel mülkiyet	[øzel mylkijet]
letrero (m) de aviso	ikaz yazısı	[ikaz jazısı]
seguridad (f)	güvenlik	[gyvenlik]
guardia (m) de seguridad	güvenlik görevlisi	[gyvenlik gørevlisı]

renovación (f)	tadilat	[tadilat]
renovar (vt)	yenilemek	[jenilemek]
poner en orden	düzene sokmak	[dyzene sokmak]
pintar (las paredes)	boyamak	[bojamak]
empapelado (m)	duvar kağıdı	[duvar kaıdı]
cubrir con barniz	vernik sürmek	[vernik syrmek]
tubo (m)	boru	[boru]

instrumentos (m pl)	aletler	[aletler]
sótano (m)	bodrum	[bodrum]
alcantarillado (m)	kanalizasyon	[kanalizasjon]

14. La casa. El apartamento. Unidad 2

apartamento (m)	daire	[daire]
habitación (f)	oda	[oda]
dormitorio (m)	yatak odası	[jatak odası]
comedor (m)	yemek odası	[jemek odası]

salón (m)	oturma odası	[oturma odası]
despacho (m)	çalışma odası	[tʃalıʃma odası]
antecámara (f)	antre	[antre]
cuarto (m) de baño	banyo	[banjo]
servicio (m)	tuvalet	[tuvalet]

| suelo (m) | taban, yer | [taban], [jer] |
| techo (m) | tavan | [tavan] |

limpiar el polvo	toz almak	[toz almak]
aspirador (m), aspiradora (f)	elektrikli süpürge	[elektrikli sypyrge]
limpiar con la aspiradora	elektrikli süpürge ile süpürmek	[elektrikli sypyrge ile sypyrmek]

fregona (f)	temizlik paspası	[temizlik paspası]
trapo (m)	toz bezi	[toz bezi]
escoba (f)	süpürge	[sypyrge]
cogedor (m)	faraş	[faraʃ]
muebles (m pl)	mobilya	[mobilja]
mesa (f)	masa	[masa]
silla (f)	sandalye	[sandalje]
sillón (m)	koltuk	[koltuk]

librería (f)	kitaplık	[kitaplık]
estante (m)	kitap rafı	[kitap rafı]
armario (m)	elbise dolabı	[elbise dolabı]

espejo (m)	ayna	[ajna]
tapiz (m)	halı	[halı]
chimenea (f)	şömine	[ʃømine]
cortinas (f pl)	perdeler	[perdler]
lámpara (f) de mesa	masa lambası	[masa lambası]
lámpara (f) de araña	avize	[avize]

cocina (f)	mutfak	[mutfak]
cocina (f) de gas	kuzine fırın	[kuzine fırın]
cocina (f) eléctrica	elektrikli ocak	[elektrikli odʒak]
horno (m) microondas	mikrodalga fırın	[mikrodalga fırın]
frigorífico (m)	buzdolabı	[buzdolabı]

congelador (m)	derin dondurucu	[derin dondurudʒu]
lavavajillas (m)	bulaşık makinesi	[bulaʃık makinesi]
grifo (m)	musluk	[musluk]

picadora (f) de carne	kıyma makinesi	[kıjma makinesi]
exprimidor (m)	meyve sıkacağı	[mejve sıkadʒaı]
tostador (m)	tost makinesi	[tost makinesi]
batidora (f)	mikser	[mikser]

cafetera (f) (aparato de cocina)	kahve makinesi	[kahve makinesi]
hervidor (m) de agua	çaydanlık	[tʃajdanlık]
tetera (f)	demlik	[demlik]

televisor (m)	televizyon	[televizjon]
vídeo (m)	video	[video]
plancha (f)	ütü	[yty]
teléfono (m)	telefon	[telefon]

15. Los trabajos. El estatus social

director (m)	müdür	[mydyr]
superior (m)	amir, üst	[amir], [yst]
presidente (m)	başkan	[baʃkan]
asistente (m)	asistan	[asistan]
secretario, -a (m, f)	sekreter	[sekreter]

propietario (m)	sahip	[sahip]
socio (m)	ortak	[ortak]
accionista (m)	hissedar	[hissedar]

hombre (m) de negocios	iş adamı	[iʃ adamı]
millonario (m)	milyoner	[miljoner]
multimillonario (m)	milyarder	[miljarder]

actor (m)	aktör	[aktør]
arquitecto (m)	mimar	[mimar]
banquero (m)	bankacı	[bankadʒı]
broker (m)	borsa simsarı	[borsa sımsarı]
veterinario (m)	veteriner	[veteriner]
médico (m)	doktor, hekim	[doktor], [hekim]
camarera (f)	oda hizmetlisi	[oda hizmetlisi]
diseñador (m)	tasarımcı	[tasarımdʒı]
corresponsal (m)	muhabir	[muhabir]
repartidor (m)	kurye	[kurje]

electricista (m)	elektrikçi	[elektriktʃi]
músico (m)	müzisyen	[myzisjen]
niñera (f)	çocuk bakıcısı	[tʃodʒuk bakıdʒısı]
peluquero (m)	kuaför	[kuafør]

pastor (m)	çoban	[ʧoban]
cantante (m)	şarkıcı	[ʃarkɪʤɪ]
traductor (m)	çevirmen	[ʧevirmen]
escritor (m)	yazar	[jazar]
carpintero (m)	marangoz	[marangoz]
cocinero (m)	aşçı	[aʃʧɪ]
bombero (m)	itfaiyeci	[itfajeʤi]
policía (m)	polis memuru	[polis memuru]
cartero (m)	postacı	[postaʤɪ]
programador (m)	programcı	[programʤɪ]
vendedor (m)	satıcı	[satɪʤɪ]
obrero (m)	işçi	[iʃʧi]
jardinero (m)	bahçıvan	[bahʧɪvan]
fontanero (m)	tesisatçı	[tesisatʧɪ]
dentista (m)	dişçi	[diʃʧi]
azafata (f)	hostes	[hostes]
bailarín (m)	dansçı	[dansʧɪ]
guardaespaldas (m)	koruma görevlisi	[koruma gørevlis]
científico (m)	bilim insanı	[bilim insanɪ]
profesor (m) (~ de baile, etc.)	öğretmen	[ø:retmen]
granjero (m)	çiftçi	[ʧiftʧi]
cirujano (m)	cerrah	[ʤerrah]
minero (m)	maden işçisi	[maden iʃʧisi]
jefe (m) de cocina	aşçıbaşı	[aʃʧɪbaʃɪ]
chofer (m)	şoför	[ʃofør]

16. Los deportes

tipo (m) de deporte	spor çeşidi	[spor ʧeʃidi]
fútbol (m)	futbol	[futbol]
hockey (m)	hokey	[hokej]
baloncesto (m)	basketbol	[basketbol]
béisbol (m)	beyzbol	[bejzbol]
voleibol (m)	voleybol	[volejbol]
boxeo (m)	boks	[boks]
lucha (f)	güreş	[gyreʃ]
tenis (m)	tenis	[tenis]
natación (f)	yüzme	[juzme]
ajedrez (m)	satranç	[satranʧ]
carrera (f)	koşu	[koʃu]
atletismo (m)	atletizm	[atletizm]
patinaje (m) artístico	artistik patinaj	[artistik patinaʒ]
ciclismo (m)	bisiklet sporu	[bisiklet sporu]

billar (m)	bilardo	[bilardo]
culturismo (m)	vücut geliştirme	[vydʒut geliʃtirme]
golf (m)	golf	[golf]
buceo (m)	dalgıçlık	[dalgɪtʃlɪk]
vela (f)	yelken sporu	[jelken sporu]
tiro (m) con arco	okçuluk	[oktʃuluk]
tiempo (m)	yarı	[jarɪ]
descanso (m)	ara	[ara]
empate (m)	beraberlik	[beraberlik]
empatar (vi)	berabere kalmak	[berabere kalmak]
cinta (f) de correr	koşu bandı	[koʃu bandɪ]
jugador (m)	oyuncu	[ojundʒu]
reserva (m)	yedek oyuncu	[jedek ojundʒu]
banquillo (m) de reserva	yedek kulübesi	[jedek kulybesi]
match (m)	maç	[matʃ]
puerta (f)	kale	[kale]
portero (m)	kaleci	[kaledʒi]
gol (m)	gol	[gol]
Juegos (m pl) Olímpicos	Olimpiyat Oyunları	[olimpijat ojunlarɪ]
establecer un record	rekor kırmak	[rekor kɪrmak]
final (m)	final	[final]
campeón (m)	şampiyon	[ʃampion]
campeonato (m)	şampiyona	[ʃampiona]
vencedor (m)	galip, kazanan	[galip], [kazanan]
victoria (f)	zafer	[zafer]
ganar (vi)	kazanmak	[kazanmak]
perder (vi)	kaybetmek	[kajbetmek]
medalla (f)	madalya	[madalja]
primer puesto (m)	birincilik	[birindʒilik]
segundo puesto (m)	ikincilik	[ikindʒilik]
tercer puesto (m)	üçüncülük	[ytʃundʒylyk]
estadio (m)	stadyum	[stadjum]
hincha (m)	fan, taraftar	[fan], [taraftar]
entrenador (m)	antrenör	[antrenør]
entrenamiento (m)	antrenman	[antrenman]

17. Los idiomas extranjeros. La ortografía

lengua (f)	dil	[dil]
estudiar (vt)	öğrenmek	[ø:renmek]
pronunciación (f)	telâffuz	[telafyz]
acento (m)	aksan	[aksan]
sustantivo (m)	isim	[isim]

adjetivo (m)	sıfat	[sıfat]
verbo (m)	fiil	[fiil]
adverbio (m)	zarf	[zarf]

pronombre (m)	zamir	[zamir]
interjección (f)	ünlem	[ynlem]
preposición (f)	edat, ilgeç	[edat], [ilgetʃ]

raíz (f), radical (m)	kelime kökü	[kelime køky]
desinencia (f)	son	[son]
prefijo (m)	ön ek	[øn ek]
sílaba (f)	hece	[hedʒe]
sufijo (m)	son ek	[son ek]

acento (m)	vurgu	[vurgu]
punto (m)	nokta	[nokta]
coma (m)	virgül	[virgyl]
dos puntos (m pl)	iki nokta	[iki nokta]
puntos (m pl) suspensivos	üç nokta	[ytʃ nokta]

pregunta (f)	soru	[soru]
signo (m) de interrogación	soru işareti	[soru iʃareti]
signo (m) de admiración	ünlem işareti	[ynlem iʃareti]

entre comillas	tırnak içinde	[tırnak itʃinde]
entre paréntesis	parantez içinde	[parantez itʃinde]
letra (f)	harf	[harf]
letra (f) mayúscula	büyük harf	[byjuk harf]

oración (f)	cümle	[dʒymle]
combinación (f) de palabras	kelime grubu	[kelime grubu]
expresión (f)	deyim, ifade	[dejim], [ifade]

sujeto (m)	özne	[øzne]
predicado (m)	yüklem	[juklem]
línea (f)	satır	[satır]
párrafo (m)	paragraf	[paragraf]

sinónimo (m)	eşanlamlı sözcük	[eʃanlamlı søzdʒyk]
antónimo (m)	karşıt anlamlı sözcük	[karʃit anlamlı søzdʒyk]
excepción (f)	istisna	[istisna]
subrayar (vt)	altını çizmek	[altını tʃizmek]

reglas (f pl)	kurallar	[kurallar]
gramática (f)	gramer	[gramer]
vocabulario (m)	kelime hazinesi	[kelime hazinesi]
fonética (f)	fonetik	[fonetik]
alfabeto (m)	alfabe	[alfabe]

manual (m)	ders kitabı	[ders kitabı]
diccionario (m)	sözlük	[søzlyk]

guía (f) de conversación	konuşma kılavuzu	[konuʃma kılavuzu]
palabra (f)	kelime	[kelime]
significado (m)	mana, anlam	[mana], [anlam]
memoria (f)	hafıza	[hafıza]

18. La Tierra. La geografía

Tierra (f)	Dünya	[dynja]
globo (m) terrestre	yerküre	[jerkyre]
planeta (m)	gezegen	[gezegen]
geografía (f)	coğrafya	[dʒoorafja]
naturaleza (f)	doğa	[doa]
mapa (m)	harita	[harita]
atlas (m)	atlas	[atlas]
en el norte	kuzeyde	[kuzejde]
en el sur	güneyde	[gynejde]
en el oeste	batıda	[batıda]
en el este	doğuda	[douda]
mar (m)	deniz	[deniz]
océano (m)	okyanus	[okjanus]
golfo (m)	körfez	[kørfez]
estrecho (m)	boğaz	[boaz]
continente (m)	kıta	[kıta]
isla (f)	ada	[ada]
península (f)	yarımada	[jarımada]
archipiélago (m)	takımada	[takımada]
ensenada, bahía (f)	liman	[liman]
arrecife (m) de coral	mercan resifi	[merdʒan resifi]
orilla (f)	kıyı	[kıjı]
costa (f)	kıyı, sahil	[kıjı], [sahil]
flujo (m)	kabarma, met	[kabarma], [met]
reflujo (m)	cezir	[dʒezir]
latitud (f)	enlem	[enlem]
longitud (f)	boylam	[bojlam]
paralelo (m)	paralel	[paralel]
ecuador (m)	ekvator	[ekvator]
cielo (m)	gök	[gøk]
horizonte (m)	ufuk	[ufuk]
atmósfera (f)	atmosfer	[atmosfer]
montaña (f)	dağ	[daa]
cima (f)	zirve	[zirve]

| roca (f) | uçurum, falez | [ut∫urum], [falez] |
| colina (f) | tepe | [tepe] |

volcán (m)	yanardağ	[janardaa]
glaciar (m)	buzul	[buzul]
cascada (f)	şelâle	[∫elale]
llanura (f)	ova	[ova]

río (m)	nehir, ırmak	[nehir], [ırmak]
manantial (m)	kaynak	[kajnak]
ribera (f)	kıyı, sahil	[kıjı], [sahil]
río abajo (adv)	nehir boyunca	[nehir bojundʒa]
río arriba (adv)	nehirden yukarı	[nehirden jukarı]

lago (m)	göl	[gøl]
presa (f)	baraj	[baraʒ]
canal (m)	kanal	[kanal]
pantano (m)	bataklık	[bataklık]
hielo (m)	buz	[buz]

19. Los países. Unidad 1

Europa (f)	Avrupa	[avrupa]
Unión (f) Europea	Avrupa Birliği	[avrupa birlii]
europeo (m)	Avrupalı	[avrupalı]
europeo (adj)	Avrupa	[avrupa]

Austria (f)	Avusturya	[avusturja]
Gran Bretaña (f)	Büyük Britanya	[byjuk britanja]
Inglaterra (f)	İngiltere	[ingiltere]
Bélgica (f)	Belçika	[belt∫ika]
Alemania (f)	Almanya	[almanja]

Países Bajos (m pl)	Hollanda	[hollanda]
Holanda (f)	Hollanda	[hollanda]
Grecia (f)	Yunanistan	[junanistan]
Dinamarca (f)	Danimarka	[danimarka]
Irlanda (f)	İrlanda	[irlanda]

Islandia (f)	İzlanda	[izlanda]
España (f)	İspanya	[ispanja]
Italia (f)	İtalya	[italja]
Chipre (m)	Kıbrıs	[kıbrıs]
Malta (f)	Malta	[malta]

Noruega (f)	Norveç	[norvet∫]
Portugal (m)	Portekiz	[portekiz]
Finlandia (f)	Finlandiya	[finlandja]
Francia (f)	Fransa	[fransa]
Suecia (f)	İsveç	[isvet∫]

Suiza (f)	İsviçre	[isvitʃre]
Escocia (f)	İskoçya	[iskotʃja]
Vaticano (m)	Vatikan	[vatikan]
Liechtenstein (m)	Lihtenştayn	[lihtenʃtajn]
Luxemburgo (m)	Lüksemburg	[lyksemburg]

Mónaco (m)	Monako	[monako]
Albania (f)	Arnavutluk	[arnavutluk]
Bulgaria (f)	Bulgaristan	[bulgaristan]
Hungría (f)	Macaristan	[madʒaristan]
Letonia (f)	Letonya	[letonja]

Lituania (f)	Litvanya	[litvanja]
Polonia (f)	Polonya	[polonja]
Rumania (f)	Romanya	[romanja]
Serbia (f)	Sırbistan	[sırbistan]
Eslovaquia (f)	Slovakya	[slovakja]

Croacia (f)	Hırvatistan	[hırvatistan]
Chequia (f)	Çek Cumhuriyeti	[tʃek dʒumhurijeti]
Estonia (f)	Estonya	[estonja]
Bosnia y Herzegovina	Bosna-Hersek	[bosna hertsek]
Macedonia	Makedonya	[makedonja]

Eslovenia	Slovenya	[slovenja]
Montenegro (m)	Karadağ	[karadaa]
Bielorrusia (f)	Beyaz Rusya	[bejaz rusja]
Moldavia (f)	Moldova	[moldova]
Rusia (f)	Rusya	[rusja]
Ucrania (f)	Ukrayna	[ukrajna]

20. Los países. Unidad 2

Asia (f)	Asya	[asja]
Vietnam (m)	Vietnam	[vjetnam]
India (f)	Hindistan	[hindistan]
Israel (m)	İsrail	[israil]
China (f)	Çin	[tʃin]

Líbano (m)	Lübnan	[lybnan]
Mongolia (f)	Moğolistan	[moolistan]
Malasia (f)	Malezya	[malezja]
Pakistán (m)	Pakistan	[pakistan]
Arabia (f) Saudita	Suudi Arabistan	[suudi arabistan]

Tailandia (f)	Tayland	[tailand]
Taiwán (m)	Tayvan	[tajvan]
Turquía (f)	Türkiye	[tyrkije]
Japón (m)	Japonya	[ʒaponja]
Afganistán (m)	Afganistan	[afganistan]

Bangladesh (m)	**Bangladeş**	[bangladeʃ]
Indonesia (f)	**Endonezya**	[endonezja]
Jordania (f)	**Ürdün**	[urdyn]
Irak (m)	**Irak**	[ırak]
Irán (m)	**İran**	[iran]

Camboya (f)	**Kamboçya**	[kambotʃja]
Kuwait (m)	**Kuveyt**	[kuvejt]
Laos (m)	**Laos**	[laos]
Myanmar (m)	**Myanmar**	[mjanmar]
Nepal (m)	**Nepal**	[nepal]

Emiratos (m pl) Árabes Unidos	**Birleşik Arap Emirlikleri**	[birleʃik arap emirlikleri]
Siria (f)	**Suriye**	[surije]
Palestina (f)	**Filistin**	[filistin]
Corea (f) del Sur	**Güney Kore**	[gynej kore]
Corea (f) del Norte	**Kuzey Kore**	[kuzej kore]

Estados Unidos de América	**Amerika Birleşik Devletleri**	[amerika birleʃik devletleri]
Canadá (f)	**Kanada**	[kanada]
Méjico (m)	**Meksika**	[meksika]
Argentina (f)	**Arjantin**	[arʒantin]
Brasil (m)	**Brezilya**	[brezilja]

Colombia (f)	**Kolombiya**	[kolombija]
Cuba (f)	**Küba**	[kyba]
Chile (m)	**Şili**	[ʃili]
Venezuela (f)	**Venezuela**	[venezuela]
Ecuador (m)	**Ekvator**	[ekvator]

Islas (f pl) Bahamas	**Bahama Adaları**	[bahama adaları]
Panamá (f)	**Panama**	[panama]
Egipto (m)	**Mısır**	[mısır]
Marruecos (m)	**Fas**	[fas]
Túnez (m)	**Tunus**	[tunus]

Kenia (f)	**Kenya**	[kenja]
Libia (f)	**Libya**	[libja]
República (f) Sudafricana	**Güney Afrika Cumhuriyeti**	[gynej afrika dʒumhurijeti]
Australia (f)	**Avustralya**	[avustralja]
Nueva Zelanda (f)	**Yeni Zelanda**	[jeni zelanda]

21. El tiempo. Los desastres naturales

tiempo (m)	hava	[hava]
previsión (f) del tiempo	hava tahmini	[hava tahmini]
temperatura (f)	sıcaklık	[sıdʒaklık]

termómetro (m)	termometre	[termometre]
barómetro (m)	barometre	[barometre]

sol (m)	güneş	[gyneʃ]
brillar (vi)	ışık saçmak, parlamak	[ɪʃık satʃmak], [parlamak]
soleado (un día ~)	güneşli	[gyneʃli]
elevarse (el sol)	doğmak	[doomak]
ponerse (vr)	batmak	[batmak]

lluvia (f)	yağmur	[jaamur]
está lloviendo	yağmur yağıyor	[jaamur jaıjor]
aguacero (m)	sağanak	[saanak]
nubarrón (m)	yağmur bulutu	[jaamur bulutu]
charco (m)	su birikintisi	[su birikintisi]
mojarse (vr)	ıslanmak	[ıslanmak]

tormenta (f)	boran	[boran]
relámpago (m)	şimşek	[ʃimʃek]
relampaguear (vi)	çakmak	[tʃakmak]
trueno (m)	gök gürültüsü	[gøk gyryltysy]
está tronando	gök gürlüyor	[gøk gyrlyjor]
granizo (m)	dolu	[dolu]
está granizando	dolu yağıyor	[dolu jaıjor]

bochorno (m)	sıcak hava	[sıdʒak hava]
hace mucho calor	hava sıcak	[hava sıdʒak]
hace calor (templado)	hava ılık	[hava ılık]
hace frío	hava soğuk	[hava souk]

niebla (f)	sis, duman	[sis], [duman]
nebuloso (adj)	sisli	[sisli]
nube (f)	bulut	[bulut]
nuboso (adj)	bulutlu	[bulutlu]
humedad (f)	nem	[nem]

nieve (f)	kar	[kar]
está nevando	kar yağıyor	[kar jaıjor]
helada (f)	ayaz	[ajaz]
bajo cero (adv)	sıfırın altında	[sıfırın altında]
escarcha (f)	kırağı	[kıraı]

mal tiempo (m)	kötü hava	[køty hava]
catástrofe (f)	felaket	[felaket]
inundación (f)	taşkın	[taʃkın]
avalancha (f)	çığ	[tʃıı]
terremoto (m)	deprem	[deprem]

sacudida (f)	sarsıntı	[sarsıntı]
epicentro (m)	merkez üssü	[merkez yssy]
erupción (f)	püskürme	[pyskyrme]
lava (f)	lav	[lav]
torbellino (m), tornado (m)	hortum	[hortum]

huracán (m)	kasırga	[kasırga]
tsunami (m)	tsunami	[tsunami]
ciclón (m)	siklon	[siklon]

22. Los animales. Unidad 1

| animal (m) | hayvan | [hajvan] |
| carnívoro (m) | yırtıcı hayvan | [jırtıdʒı hajvan] |

tigre (m)	kaplan	[kaplan]
león (m)	aslan	[aslan]
lobo (m)	kurt	[kurt]
zorro (m)	tilki	[tilki]
jaguar (m)	jaguar	[ʒaguar]

lince (m)	vaşak	[vaʃak]
coyote (m)	kır kurdu	[kır kurdu]
chacal (m)	çakal	[ʧakal]
hiena (f)	sırtlan	[sırtlan]

ardilla (f)	sincap	[sindʒap]
erizo (m)	kirpi	[kirpi]
conejo (m)	tavşan	[tavʃan]
mapache (m)	rakun	[rakun]

hámster (m)	cırlak sıçan	[dʒırlak sıʧan]
topo (m)	köstebek	[køstebek]
ratón (m)	fare	[fare]
rata (f)	keme, sıçan	[keme], [sıʧan]
murciélago (m)	yarasa	[jarasa]

castor (m)	kunduz	[kunduz]
caballo (m)	at	[at]
ciervo (m)	geyik	[gejik]
camello (m)	deve	[deve]
cebra (f)	zebra	[zebra]

ballena (f)	balina	[balina]
foca (f)	fok	[fok]
morsa (f)	mors	[mors]
delfín (m)	yunus, tırtak	[junus], [tırtak]

oso (m)	ayı	[ajı]
mono (m)	maymun	[majmun]
elefante (m)	fil	[fil]
rinoceronte (m)	gergedan	[gergedan]
jirafa (f)	zürafa	[zyrafa]

| hipopótamo (m) | su aygırı | [su ajgırı] |
| canguro (m) | kanguru | [kanguru] |

| gata (f) | kedi | [kedi] |
| perro (m) | köpek | [køpek] |

vaca (f)	inek	[inek]
toro (m)	boğa	[boa]
oveja (f)	koyun	[kojun]
cabra (f)	keçi	[ketʃi]

asno (m)	eşek	[eʃek]
cerdo (m)	domuz	[domuz]
gallina (f)	tavuk	[tavuk]
gallo (m)	horoz	[horoz]

pato (m)	ördek	[ørdek]
ganso (m)	kaz	[kaz]
pava (f)	dişi hindi	[diʃi hindi]
perro (m) pastor	çoban köpeği	[tʃoban køpei]

23. Los animales. Unidad 2

pájaro (m)	kuş	[kuʃ]
paloma (f)	güvercin	[gyverdʒin]
gorrión (m)	serçe	[sertʃe]
carbonero (m)	baştankara	[baʃtankara]
urraca (f)	saksağan	[saksaan]

águila (f)	kartal	[kartal]
azor (m)	atmaca	[atmadʒa]
halcón (m)	doğan	[doan]

cisne (m)	kuğu	[kuu]
grulla (f)	turna	[turna]
cigüeña (f)	leylek	[lejlek]
loro (m), papagayo (m)	papağan	[papaan]
pavo (m) real	tavus kuşu	[tavus kuʃu]
avestruz (m)	deve kuşu	[deve kuʃu]

garza (f)	balıkçıl	[balıktʃil]
ruiseñor (m)	bülbül	[bylbyl]
golondrina (f)	kırlangıç	[kırlangıtʃ]
pájaro carpintero (m)	ağaçkakan	[aatʃkakan]
cuco (m)	guguk	[guguk]
lechuza (f)	baykuş	[bajkuʃ]

pingüino (m)	penguen	[penguen]
atún (m)	ton balığı	[ton balıı]
trucha (f)	alabalık	[alabalık]
anguila (f)	yılan balığı	[jılan balıı]
tiburón (m)	köpek balığı	[køpek balıı]
centolla (f)	yengeç	[jengetʃ]

medusa (f)	deniz anası	[deniz anası]
pulpo (m)	ahtapot	[ahtapot]
estrella (f) de mar	deniz yıldızı	[deniz jıldızı]
erizo (m) de mar	deniz kestanesi	[deniz kestanesi]
caballito (m) de mar	deniz atı	[deniz atı]
camarón (m)	karides	[karides]
serpiente (f)	yılan	[jılan]
víbora (f)	engerek	[engerek]
lagarto (m)	kertenkele	[kertenkele]
iguana (f)	iguana	[iguana]
camaleón (m)	bukalemun	[bukalemun]
escorpión (m)	akrep	[akrep]
tortuga (f)	kaplumbağa	[kaplumbaa]
rana (f)	kurbağa	[kurbaa]
cocodrilo (m)	timsah	[timsah]
insecto (m)	böcek, haşere	[bødʒek], [haʃere]
mariposa (f)	kelebek	[kelebek]
hormiga (f)	karınca	[karındʒa]
mosca (f)	sinek	[sinek]
mosquito (m) (picadura de ~)	sivrisinek	[sivrisinek]
escarabajo (m)	böcek	[bødʒek]
abeja (f)	arı	[arı]
araña (f)	örümcek	[ørymdʒek]
mariquita (f)	uğur böceği	[uur bødʒei]

24. Los árboles. Las plantas

árbol (m)	ağaç	[aatʃ]
abedul (m)	huş	[huʃ]
roble (m)	meşe	[meʃe]
tilo (m)	ıhlamur	[ıhlamur]
pobo (m)	titrek kavak	[titrek kavak]
arce (m)	akçaağaç	[aktʃa aatʃ]
pícea (f)	ladin	[ladin]
pino (m)	çam	[tʃam]
cedro (m)	sedir	[sedir]
álamo (m)	kavak	[kavak]
serbal (m)	üvez	[yvez]
haya (f)	kayın	[kajın]
olmo (m)	karaağaç	[kara aatʃ]
fresno (m)	dişbudak	[diʃbudak]
castaño (m)	kestane	[kestane]

palmera (f)	**palmiye**	[palmije]
mata (f)	**çalı**	[ʧalı]
seta (f)	**mantar**	[mantar]
seta (f) venenosa	**zehirli mantar**	[zehirli mantar]
seta calabaza (f)	**çörek mantarı**	[ʧørek mantarı]
rúsula (f)	**Russula mantarı**	[russula mantarı]
matamoscas (m)	**sinek mantarı**	[sinek mantarı]
oronja (f) verde	**köygöçüren mantarı**	[køjgøʧuren mantarı]
flor (f)	**çiçek**	[ʧiʧek]
ramo (m) de flores	**buket, çiçek demeti**	[buket], [ʧiʧek demeti]
rosa (f)	**gül**	[gyl]
tulipán (m)	**lale**	[lale]
clavel (m)	**karanfil**	[karanfil]
manzanilla (f)	**yabani papatya**	[jabani papatja]
cacto (m)	**kaktüs**	[kaktys]
muguete (m)	**inci çiçeği**	[inʤi ʧiʧei]
campanilla (f) de las nieves	**kardelen**	[kardelen]
nenúfar (m)	**beyaz nilüfer**	[bejaz nilyfer]
invernadero (m) tropical	**limonluk**	[limonlyk]
césped (m)	**çimen**	[ʧimen]
macizo (m) de flores	**çiçek tarhı**	[ʧiʧek tarhı]
planta (f)	**bitki**	[bitki]
hierba (f)	**ot**	[ot]
hoja (f)	**yaprak**	[japrak]
pétalo (m)	**taçyaprak**	[taʧjaprak]
tallo (m)	**sap**	[sap]
retoño (m)	**fidan**	[fidan]
cereales (m pl) (plantas)	**tahıllar**	[tahıllar]
trigo (m)	**buğday**	[buudaj]
centeno (m)	**çavdar**	[ʧavdar]
avena (f)	**yulaf**	[julaf]
mijo (m)	**darı**	[darı]
cebada (f)	**arpa**	[arpa]
maíz (m)	**mısır**	[mısır]
arroz (m)	**pirinç**	[pirinʧ]

25. Varias palabras útiles

alto (m) (parada temporal)	**durma**	[durma]
ayuda (f)	**yardım**	[jardım]
balance (m)	**denge**	[denge]
base (f) (~ científica)	**temel**	[temel]
categoría (f)	**kategori**	[kategori]

coincidencia (f)	tesadüf	[tesadyf]
comienzo (m) (principio)	başlangıç	[baʃlangıʧ]
comparación (f)	karşılaştırma	[karʃilaʃtırma]
desarrollo (m)	gelişme	[geliʃme]
diferencia (f)	farklılık	[farklılık]

efecto (m)	tesir	[tesir]
ejemplo (m)	örnek	[ørnek]
variedad (f) (selección)	seçenek	[seʧenek]
elemento (m)	element	[element]
error (m)	hata	[hata]

esfuerzo (m)	çaba	[ʧaba]
estándar (adj)	standart	[standart]
estilo (m)	tarz	[tarz]
forma (f) (contorno)	şekil	[ʃekil]

grado (m) (en mayor ~)	derece	[dereʤe]
hecho (m)	gerçek	[gerʧek]
ideal (m)	ideal	[ideal]
modo (m) (de otro ~)	usul	[usul]
momento (m)	an	[an]

obstáculo (m)	engel	[engel]
parte (f)	bölüm, kısım	[bølym], [kısım]
pausa (f)	ara	[ara]
posición (f)	pozisyon	[pozisjon]
problema (m)	problem	[problem]

proceso (m)	süreç	[syreʧ]
progreso (m)	ilerleme	[ilerleme]
propiedad (f) (cualidad)	özellik	[øzellik]
reacción (f)	tepki	[tepki]
riesgo (m)	risk	[risk]

secreto (m)	sır	[sır]
serie (f)	seri	[seri]
sistema (m)	sistem	[sistem]
situación (f)	durum	[durum]
solución (f)	çözüm	[ʧøzym]
tabla (f) (~ de multiplicar)	tablo	[tablo]
tempo (m) (ritmo)	tempo	[tempo]

| término (m) | terim | [terim] |
| tipo (m)
(p.ej. ~ de deportes) | çeşit | [ʧeʃit] |

turno (m) (esperar su ~)	sıra	[sıra]
urgente (adj)	acil	[aʤil]
utilidad (f)	fayda	[fajda]
variante (f)	varyant	[varjant]
verdad (f)	hakikat	[hakikat]
zona (f)	bölge	[bølge]

26. Los adjetivos. Unidad 1

abierto (adj)	açık	[atʃık]
adicional (adj)	ek	[ek]
agrio (sabor ~)	ekşi	[ekʃi]
agudo (adj)	sivri, keskin	[sivri], [keskin]
amargo (adj)	acı	[adʒı]
amplio (~a habitación)	geniş	[geniʃ]
antiguo (adj)	eski	[eski]
arriesgado (adj)	riskli	[riskli]
artificial (adj)	suni	[suni]
azucarado, dulce (adj)	tatlı	[tatlı]
bajo (voz ~a)	alçak	[altʃak]
bello (hermoso)	güzel	[gyzel]
blando (adj)	yumuşak	[jumuʃak]
bronceado (adj)	bronz, bronzlaşmış	[bronz], [bronzlaʃmıʃ]
central (adj)	merkezi, orta	[merkezi], [orta]
ciego (adj)	kör	[kør]
clandestino (adj)	yasa dışı	[jasa dıʃı]
compatible (adj)	uyumlu	[ujumlu]
congelado (pescado ~)	dondurulmuş	[dondurulmuʃ]
contento (adj)	memnun	[memnun]
continuo (adj)	uzun süren	[uzun syren]
cortés (adj)	kibar	[kibar]
corto (adj)	kısa	[kısa]
crudo (huevos ~s)	çiğ	[tʃii]
de segunda mano	kullanılmış	[kullanılmıʃ]
denso (~a niebla)	yoğun	[joun]
derecho (adj)	sağ	[saa]
difícil (decisión)	zor	[zor]
dulce (agua ~)	tatlı, içilebilir	[tatlı], [itʃilebilir]
duro (material, etc.)	katı	[katı]
enfermo (adj)	hasta	[hasta]
enorme (adj)	kocaman	[kodʒaman]
especial (adj)	özel	[øzel]
estrecho (calle, etc.)	dar	[dar]
exacto (adj)	tam, kesin	[tam], [kesin]
excelente (adj)	mükemmel	[mykemmel]
excesivo (adj)	fazla, aşırı	[fazla], [aʃırı]
exterior (adj)	dış	[dıʃ]
fácil (adj)	kolay	[kolaj]
feliz (adj)	mutlu	[mutlu]
fértil (la tierra ~)	verimli	[verimli]
frágil (florero, etc.)	kırılgan	[kırılgan]

fuerte (~ voz)	yüksek	[juksek]
fuerte (adj)	güçlü	[gytʃly]
grande (en dimensiones)	büyük	[byjuk]
gratis (adj)	bedava	[bedava]
importante (adj)	önemli	[ønemli]
infantil (adj)	çocuk	[tʃodʒuk]
inmóvil (adj)	hareketsiz	[hareketsiz]
inteligente (adj)	akıllı, zeki	[akıllı], [zeki]
interior (adj)	iç	[itʃ]
izquierdo (adj)	sol	[sol]

27. Los adjetivos. Unidad 2

largo (camino)	uzun	[uzun]
legal (adj)	yasal, kanuni	[jasal], [kanuni]
ligero (un metal ~)	hafif	[hafif]
limpio (camisa ~)	temiz	[temiz]
líquido (adj)	sıvı	[sıvı]
liso (piel, pelo, etc.)	pürüzsüz	[pyryzsyz]
lleno (adj)	dolu	[dolu]
maduro (fruto, etc.)	olgun	[olgun]
malo (adj)	kötü	[køty]
mate (sin brillo)	mat	[mat]
misterioso (adj)	esrarengiz	[esrarengiz]
muerto (adj)	ölü	[øly]
natal (país ~)	ana	[ana]
negativo (adj)	olumsuz	[olumsuz]
no difícil (adj)	zor olmayan	[zor olmajan]
normal (adj)	normal	[normal]
nuevo (adj)	yeni	[jeni]
obligatorio (adj)	zorunlu	[zorunlu]
opuesto (adj)	zıt	[zıt]
ordinario (adj)	sıradan	[sıradan]
original (inusual)	orijinal	[oriʒinal]
peligroso (adj)	tehlikeli	[tehlikeli]
pequeño (adj)	küçük	[kytʃuk]
perfecto (adj)	çok güzel, süper	[tʃok gyzel], [super]
personal (adj)	kişisel	[kiʃisel]
pobre (adj)	fakir	[fakir]
poco claro (adj)	belirsiz, müphem	[belirsiz], [myphem]
poco profundo (adj)	sığ	[sıı]
posible (adj)	mümkün	[mymkyn]
principal (~ idea)	esas	[esas]
principal (la entrada ~)	ana, baş	[ana], [baʃ]

probable (adj)	olası	[olası]
público (adj)	kamusal, kamuya açık	[kamusal], [kamuja atʃık]
rápido (adj)	hızlı	[hızlı]
raro (adj)	nadir	[nadir]
recto (línea ~a)	düz	[dyz]
sabroso (adj)	tatlı, lezzetli	[tatlı], [lezzetlı]
siguiente (avión, etc.)	sonraki	[sonraki]
similar (adj)	benzer	[benzer]
sólido (~a pared)	dayanıklı	[dajanıklı]
sucio (no limpio)	kirli	[kirli]
tonto (adj)	aptal	[aptal]
triste (mirada ~)	üzgün, kederli	[yzgyn], [kederli]
último (~a oportunidad)	en son	[en son]
último (~a vez)	geçen	[getʃen]
vacío (vaso medio ~)	boş	[boʃ]
viejo (casa ~a)	eski	[eski]

28. Los verbos. Unidad 1

abrir (vt)	açmak	[atʃmak]
acabar, terminar (vt)	bitirmek	[bitirmek]
acusar (vt)	suçlamak	[sutʃlamak]
agradecer (vt)	teşekkür etmek	[teʃekkyr etmek]
almorzar (vi)	öğle yemeği yemek	[ø:le jemei jemek]
alquilar (~ una casa)	kiralamak	[kiralamak]
anular (vt)	iptal etmek	[iptal etmek]
anunciar (vt)	duyurmak	[dujurmak]
apagar (vt)	kapatmak	[kapatmak]
autorizar (vt)	izin vermek	[izin vermek]
ayudar (vt)	yardım etmek	[jardım etmek]
bailar (vi, vt)	dans etmek	[dans etmek]
beber (vi, vt)	içmek	[itʃmek]
borrar (vt)	silmek	[silmek]
bromear (vi)	şaka yapmak	[ʃaka japmak]
bucear (vi)	dalmak	[dalmak]
caer (vi)	düşmek	[dyʃmek]
cambiar (vt)	değiştirmek	[deiʃtirmek]
cantar (vi)	ötmek	[øtmek]
cavar (vt)	kazmak	[kazmak]
cazar (vi, vt)	avlamak	[avlamak]
cenar (vi)	akşam yemeği yemek	[akʃam jemei jemek]
cerrar (vt)	kapatmak	[kapatmak]
cesar (vt)	durdurmak	[durdurmak]
coger (vt)	tutmak	[tutmak]

comenzar (vt)	başlamak	[baʃlamak]
comer (vi, vt)	yemek	[jemek]
comparar (vt)	karşılaştırmak	[karʃilaʃtırmak]

comprar (vt)	satın almak	[satın almak]
comprender (vt)	anlamak	[anlamak]
confiar (vt)	güvenmek	[gyvenmek]
confirmar (vt)	tasdik etmek	[tasdik etmek]
conocer (~ a alguien)	tanımak	[tanımak]

construir (vt)	inşa etmek	[inʃa etmek]
contar (una historia)	anlatmak	[anlatmak]
contar (vt) (enumerar)	saymak	[sajmak]
contar con ...	... güvenmek	[gyvenmek]
copiar (vt)	kopyalamak	[kopjalamak]
correr (vi)	koşmak	[koʃmak]

costar (vt)	değerinde olmak	[deerinde olmak]
crear (vt)	oluşturmak	[oluʃturmak]
creer (en Dios)	inanmak	[inanmak]
dar (vt)	vermek	[vermek]
decidir (vt)	karar vermek	[karar vermek]

decir (vt)	söylemek	[søjlemek]
dejar caer	düşürmek	[dyʃyrmek]
depender de ...	... bağlı olmak	[baalı olmak]
desaparecer (vi)	kaybolmak	[kajbolmak]
desayunar (vi)	kahvaltı yapmak	[kahvaltı japmak]

despreciar (vt)	küçümsemek	[kytʃymsemek]
disculpar (vt)	affetmek	[afetmek]
disculparse (vr)	özür dilemek	[øzyr dilemek]
discutir (vt)	tartışmak	[tartıʃmak]
divorciarse (vr)	boşanmak	[boʃanmak]
dudar (vt)	tereddüt etmek	[tereddyt etmek]

29. Los verbos. Unidad 2

encender (vt)	açmak	[atʃmak]
encontrar (hallar)	bulmak	[bulmak]
encontrarse (vr)	karşılaşmak	[karʃilaʃmak]
engañar (vi, vt)	aldatmak	[aldatmak]
enviar (vt)	göndermek	[gøndermek]
equivocarse (vr)	hata yapmak	[hata japmak]

escoger (vt)	seçmek	[setʃmek]
esconder (vt)	saklamak	[saklamak]
escribir (vt)	yazmak	[jazmak]
esperar (aguardar)	beklemek	[beklemek]
esperar (tener esperanza)	ummak	[ummak]

estar ausente	bulunmamak	[bulunmamak]
estar cansado	yorulmak	[jorulmak]
estar de acuerdo	razı olmak	[razı olmak]
estudiar (vt)	okumak	[okumak]
exigir (vt)	talep etmek	[talep etmek]
existir (vi)	var olmak	[var olmak]
explicar (vt)	izah etmek	[izah etmek]
faltar (a las clases)	kaçırmak	[katʃırmak]
felicitar (vt)	tebrik etmek	[tebrik etmek]
firmar (~ el contrato)	imzalamak	[imzalamak]
girar (~ a la izquierda)	dönmek	[dønmek]
gritar (vi)	bağırmak	[baırmak]
guardar (conservar)	saklamak	[saklamak]
gustar (vi)	hoşlanmak	[hoʃlanmak]
hablar (vi, vt)	konuşmak	[konuʃmak]
hablar con …	… ile konuşmak	[ile konuʃmak]
hacer (vt)	yapmak, etmek	[japmak], [etmek]
hacer la limpieza	toplamak	[toplamak]
insistir (vi)	ısrar etmek	[ısrar etmek]
insultar (vt)	hakaret etmek	[hakaret etmek]
invitar (vt)	davet etmek	[davet etmek]
ir (a pie)	yürümek, gitmek	[jurymek], [gitmek]
jugar (divertirse)	oynamak	[ojnamak]
leer (vi, vt)	okumak	[okumak]
llegar (vi)	gelmek	[gelmek]
llorar (vi)	ağlamak	[aalamak]
matar (vt)	öldürmek	[øldyrmek]
mirar a …	… bakmak	[bakmak]
molestar (vt)	rahatsız etmek	[rahatsız etmek]
morir (vi)	ölmek	[ølmek]
mostrar (vt)	göstermek	[gøstermek]
nacer (vi)	doğmak	[doomak]
nadar (vi)	yüzmek	[juzmek]
negar (vt)	inkar etmek	[inkjar etmek]
obedecer (vi, vt)	itaat etmek	[itaat etmek]
odiar (vt)	nefret etmek	[nefret etmek]
oír (vt)	duymak	[dujmak]
olvidar (vt)	unutmak	[unutmak]
orar (vi)	dua etmek	[dua etmek]

30. Los verbos. Unidad 3

pagar (vi, vt)	ödemek	[ødemek]
participar (vi)	katılmak	[katılmak]

pegar (golpear)	**vurmak**	[vurmak]
pelear (vi)	**dövüşmek**	[døvyʃmek]
pensar (vi, vt)	**düşünmek**	[dyʃynmek]
perder (paraguas, etc.)	**kaybetmek**	[kajbetmek]
perdonar (vt)	**bağışlamak**	[baıʃlamak]
pertenecer a ...	**... ait olmak**	[ait olmak]
poder (v aux)	**yapabilmek**	[japabilmek]
poder (v aux)	**yapabilmek**	[japabilmek]
preguntar (vt)	**sormak**	[sormak]
preparar (la cena)	**pişirmek**	[piʃirmek]
prever (vt)	**beklemek**	[beklemek]
probar (vt)	**ispat etmek**	[ispat etmek]
prohibir (vt)	**yasaklamak**	[jasaklamak]
prometer (vt)	**vaat etmek**	[vaat etmek]
proponer (vt)	**önermek**	[ønermek]
quebrar (vt)	**kırmak**	[kırmak]
quejarse (vr)	**şikayet etmek**	[ʃikajet etmek]
querer (amar)	**sevmek**	[sevmek]
querer (desear)	**istemek**	[istemek]
recibir (vt)	**almak**	[almak]
repetir (vt)	**tekrar etmek**	[tekrar etmek]
reservar (~ una mesa)	**rezerve etmek**	[rezerve etmek]
responder (vi, vt)	**cevap vermek**	[dʒevap vermek]
robar (vt)	**çalmak**	[ʧalmak]
saber (~ algo mas)	**bilmek**	[bilmek]
salvar (vt)	**kurtarmak**	[kurtarmak]
secar (ropa, pelo)	**kurutmak**	[kurutmak]
sentarse (vr)	**oturmak**	[oturmak]
sonreír (vi)	**gülümsemek**	[gylymsemek]
tener (vt)	**sahip olmak**	[sahip olmak]
tener miedo	**korkmak**	[korkmak]
tener prisa	**acele etmek**	[adʒele etmek]
tener prisa	**acele etmek**	[adʒele etmek]
terminar (vt)	**bitirmek**	[bitirmek]
tirar, disparar (vi)	**ateş etmek**	[ateʃ etmek]
tomar (vt)	**almak**	[almak]
trabajar (vi)	**çalışmak**	[ʧalıʃmak]
traducir (vt)	**çevirmek**	[ʧevirmek]
tratar (de hacer algo)	**denemek**	[denemek]
vender (vt)	**satmak**	[satmak]
ver (vt)	**görmek**	[gørmek]
verificar (vt)	**kontrol etmek**	[kontrol etmek]
volar (pájaro, avión)	**uçmak**	[uʧmak]

www.ingramcontent.com/pod-product-compliance
Lightning Source LLC
Chambersburg PA
CBHW060031050426
42448CB00012B/2947